Maria Bettetini
Eine kurze Geschichte der Lüge

Maria Bettetini

Eine kurze Geschichte der Lüge
Von Odysseus bis Pinocchio

Aus dem Italienischen von Klaus Ruch

Verlag Klaus Wagenbach   Berlin

Die Originalausgabe erschien 2001 unter dem Titel *Breve storia della bugia.*
Da Ulisse a Pinocchio bei Raffaello Cortina Editore, Mailand

Wagenbachs Taschenbuch 461
Zweite Auflage im Juni 2003
Originalausgabe

© 2001 Raffaello Cortina Editore, Milano
© 2003 Verlag Klaus Wagenbach, Berlin
Umschlaggestaltung Julie August, Berlin unter Verwendung einer
(farblich bearbeiteten) Zeichnung von Saul Steinberg.
Das Karnickel auf Seite 1 zeichnete Horst Rudolph
Autorenphoto © Antonio Maggi.
Gesetzt aus der Korpus Scala Serif von der Offizin Götz Gorissen, Berlin
Gedruckt und gebunden bei Pustet, Regensburg
Printed in Germany. Alle Rechte vorbehalten

ISBN 3 8031 2461 1

Inhalt

Vorwort

Wie könnte man eine Genealogie für etwas aufstellen, was sich nur mit Schwierigkeiten definieren läßt und was es über die Jahrhunderte zwischen Verachtung und Akzeptanz, zwischen Lob, Fluch und gelehrten Interpretationen zu großer Blüte gebracht hat? Die einzige Gewißheit ist eben diese: die Lüge hat immer schon geblüht. Die einzige Möglichkeit, ihre Geschichte zu erzählen, besteht vielleicht darin, zu ergründen, wie diejenigen über die Lüge gedacht haben, die über sie geschrieben haben, die im Laufe der Geschichte selbst welche zu Papier gebracht und erzählt haben.

Konstruieren wir also mit Hilfe von Philosophen und Historikern, aber auch von Komödienschreibern und Dichtern, von Psychologen und Lügnern aller Couleur eine Art Synchron-Porträt der Lüge und erlauben wir uns den einen oder anderen historischen Exkurs in die großen Gattungen der Lüge, die auf Grund bereits bestehender Urteile ausgewählt wurden. Natürlich kann keinerlei Anspruch auf Vollständigkeit erhoben werden: nicht alle, die etwas über die Lüge gesagt haben, werden sich hier zitiert finden, auch nicht alle Lügner par excellence.

Wie schon die Torheit bei Erasmus könnte sich die Lüge anschicken, ein gelehrtes Lob ihrer selbst zu weben, aber auch über Vorurteile und schlechte Behandlung zu klagen. Die Lüge ist verboten, gelobt, geglaubt worden. Die Lüge hat für Skandale gesorgt, Trost gespendet, Vergnügen bereitet. Sie hat, wo nicht die ganze, so doch viel jener Geschichte gemacht, die wir die Geschichte der Kultur nennen. Eine Art Lüge liegt jedem Recht zugrunde, ein Einverständnis über die Lüge ist das Fundament jeder Kunst. Die großen wissenschaftlichen Hypothesen waren enorme Lügen und sind es wahrscheinlich heute noch. Grobe Lügen werden im Wahlkampf aufgetischt, aber im Grunde wollen sie die Wähler, sie wollen von den Politikern belogen werden, damit sie weiter träumen können. So wie vom Journalisten verlangt wird, die Dinge, über die er berichtet, zu beschönigen oder zu entstellen, damit sie nicht so schlimm erscheinen oder noch viel schlimmer, so daß die Menschen aufgerüttelt werden und am Kino oder an Beruhigungspillen gespart wird.

Dieses Buch ist also eine Begegnung mit einer Figur, die man überall im gesellschaftlichen Leben antrifft. (Um zu lügen, muß man mindestens zu zweit sein, sich selbst anlügen ist kein Lügen mehr. Man ist vom Falschen überzeugt und die Absicht zu lügen geht verloren, es fehlt also, und das erklärt das erste Kapitel, das Substantielle an der Lüge.) Selbstverständlich gibt es Definitionen der Lügen: klassische und autoritative, die im Grunde nie angefochten wurden. Aber es gibt auch Verfechter ihrer Inexistenz. Es ist nicht möglich, in einer Welt zu lügen, in der die Wahrheit der Dinge evident ist, liest man in der *Ethik* Spinozas (1661): »Wer eine wahre Idee hat, weiß zugleich, daß er eine wahre Idee hat, und kann nicht an der Wahrheit der Sache zweifeln«, unser Geist ist Teil der Vernunft Gottes, deshalb »ist es notwendig, daß die klaren und deutlichen Ideen des menschlichen Geistes wahr sind«, und der Wille kann sie nicht als falsche ausgeben, denn »der Wille und der Verstand sind ein und dasselbe« (*Ethik, II, Lehrsätze 43 und 49*). Ein ähnliche Meinung hatten auch die Stoiker, die gegenüber der Unvermeidlichkeit, mit der der Weise der erscheinenden Wahrheit zustimmen muß, die Lüge nur als Fehler eines Dummkopfes verstehen, der sich vom Schein oder auch vom Weisen selbst täuschen läßt; wenn dieser dann vielleicht als Lügner dasteht, so ist dies auch nur Schein.

Solche Auffassungen von der Welt wirken etwas fremd auf den Menschen der Postmoderne, der daran gewöhnt ist, sich auf unterschiedlichen Ebenen der Realität zu bewegen und mit seinem Urteil unbeeindruckt zurückzuhalten. Wir sind äußerst geschickt darin geworden, »die Leichtgläubigkeit zu suspendieren«, denn eine solche Suspension wird ständig von uns verlangt. Früher waren die Grenzen klar. Man war im Theater und glaubte widerstandslos die Klagen Klytaimnestras zu hören, auch wenn da ein Mann klagte, in geschnürten Sandalen und einer Maske, die wenig von der Königin hatte, die er darstellen sollte. Man hörte einen Mythos und genoß den Gedanken, daß die Nymphe Arethusa bis ans Meer geflohen ist und sich dort, an den Ufern des Mittelmeeres, durch Zauberhand in eine Wasserader verwandelt hat. Man las einen Roman und wurde zum Komplizen des Autors, man ließ sich von ihm ins Herz und in die Angelegenheiten erfundener Personen führen.

Dann komplizieren sich die Dinge jedoch. Man schlägt eine Zeitung auf und bekommt Fakten und garantiert nichts als Fakten serviert, keine Personen und Geschichten mehr und auch nicht die erklärte Präsenz eines Autors, der Vater und Führer ist. Man macht den Fernseher an, unser aller Mitbewohner, und entkommt dem banalen, leichtgläubigen, vertrauensseligen Verweis auf die Fakten nicht mehr, die bestimmt wahr sind, wo es doch »das Fernsehen«, diese mythische Instanz, gesagt hat. Man schaltet sich ins Netz ein, hat über E-mail unmittelbar Kontakt mit lieben Freunden in der ganzen Welt, wird aber auch von Unbekannten kontaktiert, die einen duzen, die einen sprechen wollen, die einen zum Sprechen bringen wollen, die einem Geschäfte oder Treffen aufdrängen oder einfach nur zu virtuellen Spaziergängen durch künstlich geschaffen Welten einladen. Man kann auch seine Identität abstoßen (die Polizei würde einem jedoch auf die Spur kommen, es ist nur ein scheinbares Verstecken, machen wir uns nichts vor) und tele-intime Beziehungen zu anderen abgestoßenen und neukonstruierten Identitäten aufbauen. Alltägliche Banalitäten, die einen jedoch, schon aus Selbstschutz, dazu zwingen, jede Form einer unbedingten Zustimmung preiszugeben: Zu oft wurde von mir verlangt zu glauben, jetzt nehme ich mir das Recht, nicht mehr zu glauben. Dazu, nicht mehr zu glauben, drängen mich auch paradoxe Erfahrungen, die in einer Vermischung verschiedener Grade der Täuschung enden. Welche tragische Situation eines vom Erdbeben betroffenen Volkes oder welche dramatische Filmszene kann noch ernsthaft Mitgefühl und Engagement von mir verlangen, wenn ich in der Werbepause dazu aufgefordert werde, sechs Kilo an den kritischen Stellen abzuspecken, das neue erregende Eis mit dem ungewöhnlichen Schokoladenüberzug auszuprobieren oder mir ein Auto zu kaufen, wie es nur die Reichen fahren?

Schade, sich was vormachen zu lassen, war so schön. Hat die Lüge nun auch noch der Tod ereilt, nach ihrem von Oscar Wilde beklagten Verfall? Immerhin, mein Sohn schwindelt bei der Uhrzeit, zu der er nach Hause gekommen sein will, der Freund verhaspelt sich bei seinen Plänen für den Abend, ich selbst erfinde nicht vorhandene Arbeitspflichten... dilettantische Dinge insgesamt. Wer vorgibt, nie zu lügen, ist naiv oder hochmütig, genauso einfältig ist freilich auch jeder, der beim Lügen nur an die Worte denkt, die Tatsachen zu verschleiern suchen, die verschleiert bleiben sollen. Dieses Buch hat nicht den Anspruch, die Kunst des Lügens zu lehren, aber es will zeigen, wie immer schon weit besser und grausamer gelogen wurde, ohne dabei verlogene Worte zu gebrauchen.

Wenn die Lüge mit der *voluntas fallendi* zusammenhängt, also mit dem Willen zur Täuschung, und vielleicht müßte man auch noch die *voluntas nocendi* heranziehen, die Absicht zu schaden, und zwar unabhängig vom Wahrheitsgehalt dessen, was man sagt, sondern durch den Gebrauch der Worte als Waffe, um etwas »anderes« glauben zu machen als das, was der Sprecher für wahr hält, dann braucht es die banale und explizite Lüge gar nicht, um den Zweck zu erreichen. Dann sind viel hilfreicher die Gesten, die Andeutungen, die vermeintlich harmlos hingeworfenen Worte, die wahrheitsgetreuen, aber wirkungsvoll eingesetzten Behauptungen.

Geliebter Lügner, wie Patrick Campbell an Bernard Shaw schrieb und wie Jerome Kilty (1960) das ihnen gewidmete Theaterstück betitelt hat, lieber Lügner, der du in uns allen steckst, glaub nicht, ein guter Lügner zu sein, nur weil du nicht rot wirst, wenn du sagst, dir sei das Benzin ausgegangen, und glaube nicht ehrlich zu sein, nur weil deine Worte wahrheitsgetreu sind. Ob du nun aus Notwendigkeit lügst oder zum Spaß, aus

Mitleid oder von Berufs wegen; ob du schlau bist wie Odysseus oder naiv wie Pinocchio, lies diese Seiten und du wirst entdekken, daß du nur ein Dilettant bist.

Dieses Buch ist auch das Ergebnis gemeinsamer Lektüren und freundschaftlicher Diskussionen. Ich möchte an dieser Stelle Andrea danken, dann meinem Vater, der das Manuskript mit Strenge durchgelesen hat, und mindestens diejenigen erwähnen (Philosophen, Journalisten, Physiker, Anwälte, andere), die mir dabei geholfen haben, Materialien für diese Arbeit zu finden. Herzlicher Dank also an Armando Massarenti, Emanuela Scribano, Enrico Antonio Giannetto, Enrico Rambaldi Feldmann, Enzo Portalupi, Francesco Sironi, Franco Berardi Bifo, Franco Michelini-Tocci, Giorgio Brianese, Irène Rosier, Luigi Perissinotto, Nino Buttitta, Sonia Fiorentino, Umberto Eco.

M. B.

Die Lüge: Was sie ist, wie man lügt, warum man lügt

Die Lüge: Voraussetzungen

Die Gerichte der Vereinigten Staaten verlangen von den Zeugen, daß sie »die Wahrheit sagen, die ganze Wahrheit und nichts als die Wahrheit«, wie wir aus Filmen und Fernsehserien wissen. Eine naivere Form, eine Zeugenaussage einzufordern, kann man sich kaum vorstellen. Sie geht von der Forderung aus, daß der Zeuge, wenn er nur will, die Wahrheit sagen könnte, die ganze Wahrheit und nur diese. Als könnte er von jedem Wahrnehmungsfehler absehen (ich bin kurzsichtig, ich glaube, ich habe eine rotblonde Frau davon laufen sehen: oder war es ein Mann mit langen Haaren?); von Erinnerungsschwierigkeiten (diese Frau lief am Mittwoch davon, oder ging sie nur einkaufen am Dienstag davor?); von psychologischem Druck (die Angeklagte ist eine Frau: wahrscheinlich ist sie es, die ich gesehen habe an diesem Mittwoch oder Donnerstag oder wann auch immer); und vor allem von persönlichen Verwicklungen (ein lieber Großonkel ist ermordet worden, er hat sein Testament noch nicht gemacht, das sicher zu meinen Gunsten ist, ich bin also sehr betrübt und sehr wütend).

Man muß kein Spezialist der Ontologie, der Erkenntnistheorie oder der Psychologie in ihren verschiedenen Varianten sein, um zu wissen, daß eine Zeugenaussage nie die genaue Rekonstruktion eines Ereignisses sein kann. Selbst wenn der Zeuge im Besitz einer Fernsehkamera gewesen wäre und angenommen, die entstandenen »Aufnahmen« seien nicht gefälscht, so würde er das Ereignis doch aus einem gewissen materiellen Blickwinkel wiedergeben, dem des Objektivs. Wenn Truffaut behauptete, »jede Einstellung ist eine moralische Entscheidung«, dann wußte er warum: nur ein Objektiv, nur ein Gesichtspunkt.

Bei vielen Objektiven, wie sie einem Regisseur zur Verfügung stehen, wird die Situation noch gravierender. Der Film ist das Ergebnis einer Montage, in der wiederum nur eine einzige Sichtweise gilt, nämlich die des Regisseurs, der ein Ereignis auf eine gewisse Weise erzählen will.

Aber wir sind nicht weniger naiv als die nordamerikanischen Gerichte. Alle verlangen, fordern, erbetteln wir von unseren lieben Mitmenschen »die Wahrheit«. Der Vater verlangt sie, der wissen will, wer die chinesische Vase zerschlagen hat, die Ehefrau verlangt sie, die wissen will, wo der Mann den Abend verbracht hat, die Freundin, die nicht sicher ist, ob sie in den engen Jeans noch elegant genug wirkt, die Verlobte, die endlich geheiratet sein will, die Hausfrau, die wissen will, ob der Schinken auch zart genug ist, und ganz tragisch schließlich verlangt der Kranke vom Arzt die Wahrheit. Wir alle gehen von der »Übereinstimmung der Sache und der Erkenntnis« aus, die Thomas von Aquin als die Definition der »Wahrheit« angegeben hat, eine Definition, welche die auf ihn folgende Philosophie als im Prinzip unmöglich zu dekretieren versuchte, die aber auch der nach-postmoderne Mensch hartnäckig für sein unveräußerliches Recht hält.

Gleichwohl soll nicht hiervon die Rede sein, das heißt von der Möglichkeit zwischen Vernunft und »Sache« eine Übereinstimmung zu finden, denn das könnte leicht zu der Frage führen, ob und wo Vernunft existiert, und gleiches gilt auch für die Sache, und weiter, in welchen Begriffen sich die Beziehung zwischen beiden angeben läßt und schließlich, ob diese Beziehung ohne Verzerrungen, oder mit bestimmbaren Verzerrungen, dem Bewußtsein deutlich wird. Das freilich ist nicht das Thema der vorliegenden Arbeit, denn in diesem Kontext steckt nicht die Möglichkeit zur Lüge. Die Lüge besteht vielmehr im »glauben machen wollen« als wahr oder falsch, was man *nicht* für wahr oder falsch hält, *unabhängig* davon, ob es das wirklich ist (im Laufe dieser Arbeit wird also versucht, nur das zu behandeln, was für wahr oder falsch gehalten wird, nicht das Wahre oder Falsche an sich).

Es liegt also eine Lüge vor, wenn jemand die Absicht hat, andere zu täuschen. Daher spielt es keine Rolle, ob der Zeuge kurzsichtig, farbenblind oder vergeßlich ist. Auch der Umstand zählt nicht, ob er ein »echter« Zeuge ist, er könnte ja unter Hypnose stehen oder er könnte eine Szene geträumt haben, die er nun als wahren Vorfall erinnert. Ohne Bedeutung ist auch die Frage, ob ein menschliches Wesen überhaupt glaubhaft ist, wenn es sich an die »Sache« erinnert, denn diese »Sache« existiert vielleicht gar nicht oder sie existiert nur als sinnliche Wahrnehmung oder sie ist ein Produkt seine Einbildung. Das Problem ist ein anderes. Wie auch immer ein Zeuge Kenntnis vom Ablauf eines Ereignisses gewonnen hat, sei dies nun wahr oder falsch; lügt er bereits, weil er es erzählt, also weil er seine beschränkte Perspektive für die »Wahrheit« ausgibt, oder lügt er erst, wenn »er lügt und weiß, daß er lügt«, etwa wenn er im Rückblick eine Frau mit roten Haaren als Brünette beschreibt, aus Angst, seine irische Freundin gerate in Verdacht?

Lügt jeder, der den Anspruch hat, etwas zu berichten, oder lügt nur derjenige, der das entstellt, was er zu Recht oder zu Unrecht für wahr hält?

Wer lügt?

Die Frage führt zu einer Betrachtung: Gleichviel, ob es sich nur um einen »Anspruch« handelt oder um die »Absicht« zu täuschen, die Lüge erscheint als Willensakt eines freien Subjekts. Doch auch ein kaputter Kilometerzähler lügt, eine Uhr, die täglich ein paar Minuten nachgeht, sogar der glasklare Gebirgshimmel scheint zu lügen, wenn er das Gewitter des folgenden Tages nicht ankündigt. Sie scheinen zu lügen, denn leicht schreibt man den Dingen eine kommunikative Absicht zu. Leicht und gefährlich, denn derjenige, der dies macht, ist Nutznießer und zugleich Dekodierer. Ein schreckliches und zugleich faszinierendes Beispiel liest man in dem kurzen Roman von Thomas Mann, *Die Betrogene* (1953), der die Geschichte von Rosalie erzählt, einer inzwischen reifen Frau, die in Leidenschaft für einen jungen Mann entbrennt. Zu ihrem fast pubertären Schmachten gesellt sich eines Tages ein Umstand hinzu, den sie für eine Rückkehr des versiegt geglaubten Zyklus hält. Auf die anfängliche Begeisterung über die Blutung, die sie als Geschenk der Natur versteht, komplizenhaft beteiligt am Wiedererwachen der Liebe, folgt die Enttäuschung. Der Blutverlust stellt sich als die Folge eines Tumors heraus, dem die Heldin rasch erliegt. Doch auf dem Sterbebett sagt Rosalie zu ihrer skeptischen und tief betrübten Tochter: »Anna, sprich nicht von Betrug und höhnischer Grausamkeit der Natur. Schmäle nicht mit ihr, wie ich es nicht tue. Ungern geh' ich dahin – von euch, vom Leben mit seinem Frühling. Aber wie wäre denn Frühling ohne den Tod? Ist ja doch der Tod ein großes Mittel des Lebens, und wenn er für mich nicht die Gestalt lieh von Auferstehung und Liebeslust, so war das nicht Lug, sondern Güte und Gnade.«

Dem Schein nach ist die Natur trügerisch, aber der Betrug kann entweder als höhnische Grausamkeit oder als zärtliches Geschenk verstanden werden, wie das unterschiedliche Verhalten Annas und Rosalies zeigt. Denn der Betrug der Natur ist kein Betrug, ist keine Lüge. Anna unterstellt der Natur die Absicht, die arglose Mutter zu verletzen; Rosalie unterstellt der Natur die Absicht, ihr noch ein paar Monate illusorischer Jugend zu schenken, bevor der Tod kommt; die »Natur« aber hat einfach nur das gemacht, was sie immer macht, sie hat die Tumorzellen mit der Konsequenz vermehrt, daß es zu einer vermehrten Ausschüttung von Östrogen und schließlich zur Blutung kam. Insofern hat sie gar nichts beabsichtigt, weder einen Betrug noch ein Geschenk. Es sind die beiden Frauen, die eine Absicht unterstellen und damit den Betrug ermöglichen. Eine Anschuldigung, bei der sich Rosalie gedrängt fühlt, eine als Freundin und Komplizin empfundene Natur freizusprechen.

An diesem Punkt ist es notwendig geworden, genauer zu definieren, was eine Lüge ist und wer als Lügner zu gelten hat.

Keine Hilfe ist uns dabei Platon, der in der Definition der Lüge im *Sophist* (260 c 3–4) behauptet, daß »das Falsche, das im Wort entsteht«, aus dem Falschen rührt, wie es im Denken vorkommt und daß beide auf das »Denken und Aussagen des Nichtseienden« zurückgehen.

Platon und Aristoteles

Es gibt keinen Unterschied zwischen Sein, erkannt werden und ausgesagt werden in einer Welt, in der die Idee mehr ist als die Sache, die sie enthält, insofern diese ihr Produkt ist. Auch nicht der im *Kratylos* so scharfsinnig vorgetragene Zweifel am konventionellen oder natürlichen Ursprung der Sprache bringt den Athener Philosophen dazu, einen anderen Grund der Lüge zu suchen als den, der in den Sachen selbst liegt, die, insofern sie nicht sind und als seiend ausgesagt werden, die »falsche Rede« auslösen. Eine Art Rede, die scharf gebrandmarkt wird, wenn sie aus dem Mund der Sophisten kommt, die per definitionem keine Möglichkeit zu wahrer oder falscher Rede zugeben, die von Platon aber dann akzeptiert wird, wenn die Regierenden sie zum Wohle der Bevölkerung gebrauchen, wie man im Dialog über den *Staat* nachlesen kann und wovon im vierten Kapitel die Rede sein soll.

Von größerer Nützlichkeit ist dagegen Aristoteles, der in der *Nikomachischen Ethik* das Verhalten des ehrlichen Menschen und des Lügners beschreibt. Obwohl er die Lüge an sich nicht definiert, läßt Aristoteles keinen Zweifel daran, daß er sie für den »Akt« eines Menschen hält, der sich dazu entschlossen hat, in Worten oder Taten wahrheitsgetreu oder verlogen zu sein. Im vierten Buch der *Nikomachischen Ethik* läßt der Stagirer Philosoph die Tugenden Revue passieren und, als er bei der Ehrlichkeit angelangt ist, kündigt er an, »jetzt sei von der gesprochen, die die Wahrheit und Unwahrheit in Wort, Tat und Auftreten betrifft« (IV, 1127 a 19). Mit der Eleganz, die den Philosophen auszeichnet, wendet er die gleich eingangs des Buches dargelegte Methode auf die Ehrlichkeit an und sagt, daß man bei der Behandlung von Themen wie dem »Guten und Gerechten« damit »zufrieden sein« muß, »in groben Umrissen das Richtige anzudeuten«, denn solche Themen zeigen »solche Unterschiede und solche Unbeständigkeit«, daß man seine Schlüsse nicht mit maximaler Präzision ziehen kann. Andererseits »kennzeichnet es den Gebildeten, in jedem einzelnen Gebiet nur so viel Präzision zu verlangen, als es die Natur des Gegenstandes zuläßt« (I, 194 b 14–25). Eine moralische Untersuchung kann also nicht mit der gleichen Strenge durchgeführt werden wie das Studium der mathematischen oder der metaphysischen Wissenschaften, man muß bei dem beginnen, was uns am besten bekannt ist: der Ausgangspunkt ist die Tatsache, das »daß« (I, 1095 b 7). Aristoteles unternimmt eine phänomenologische Analyse der Tugenden und insbesondere der Wahrhaftigkeit, die Einblicke in verschiedene interessante Aspekte erlaubt: wahrhaftig ist derjenige, der in der Mitte zwischen dem Eingebildeten und dem »Ironischen« steht, wobei unter dem Ironischen jemand zu verstehen ist, den wir heute als Liebhaber des *Understatements* bezeichnen würden, einer, der die eigenen Verdienste herunterspielt. Die wahrhaftigen Menschen jedoch sind nicht alle gleich, sowenig wie die Lügnerischen, Eingebildeten und Ironischen. Wer nur in seinen Geschäftsbeziehungen aufrichtig ist, der ist nur gerecht, aber nicht wirklich wahrhaftig; wahrhaftig ist jener, »der, ohne daß etwas Derartiges in Frage steht, im Wort und im Leben aufrichtig ist, weil dies seine Art ist« (IV, 1127 b 1–2). Ein solcher liebt die Wahrheit auch in den Belangen, die keine Bedeutung haben, er neigt eher zur Abschwächung der Wahrheit als zu ihrer Übertreibung und vermeidet die Lüge als solche. Andererseits ist auch der Eingebildete umso tadelnswerter, wenn er sich des Geldes wegen falscher Verdienste rühmt, etwas weniger, wenn er aus Ruhmsucht handelt und noch weniger, wenn er von der schlichten Lust an der Lüge getrieben wird. Auch der Ironische, soweit er maßvoll ist und seine außergewöhnlichen Verdienste verbirgt, kann als äußerst raffinierter Mensch des Lobes würdig sein (Aristoteles führt als Beispiel Sokrates an). Wer aber in übertriebener Weise selbst kleine und offenkundige Dinge leugnet, ist dem Eingebildeten vergleichbar und beide sind sie Betrüger.

Folglich gibt es Lügner und Lügner, der eine verdient Verachtung, der andere Mitleid wie im Falle dessen, der zum Vergnügen lügt, denn dieser ist »eher eitel als schlecht«. Und es gibt Aufrichtige und Aufrichtige. Der eine beschränkt sich darauf, in seinen Geschäften nicht zu betrügen, der andere hingegen zeigt seine Verachtung der Lüge sowohl in seinen Worten als auch in seinem Handeln. Für Aristoteles hängt die Entscheidung für ein Verhalten oder ein anderes bekanntlich von der »inneren Art« und von der Erziehung ab, aber nur zum Schein ist dem Individuum wenig Entscheidungsspielraum gelassen, denn es kann sich zum Lügen entschließen, und zwar nicht so sehr auf Grund der »Wahrheit« der Dinge, als auf Grund eines moralischen Verhaltenskodex, den ihm die *polis* und die *paideia* fertig an die Hand geben. Innerhalb dieser Entscheidung kann sich das Individuum auf einer der verschiedenen Abstufungen positionieren, die Aristoteles zwischen Wahrhaftigkeit und Falschheit, im Sinne eines moralischen Verhaltens, auflistet.

Definitionen und Klassifikationen von Augustinus bis zum Abendland

Eine genaue Klassifikation der Lüge entsprechend ihrer Schwere findet sich in dem kleinen Werk mit dem Titel *De mendacio* von Augustinus aus Hippo, geschrieben 395 n.Chr. Das Thema muß heiß diskutiert worden sein und galt als eines der schwierigsten, reich an verschlungenen Gedankenpfaden. Augustinus selbst gesteht in seinen *Retractationes*, geschrieben zwischen 426 und 427, daß er einen »dunklen, stacheligen, vor Schwierigkeiten widerborstigen« Text verfaßt hat (*ret., 1, in fine*), den er mehr als zwanzig Jahre zurückgehalten und erst für eine Publikation durchgesehen hat, nachdem er ein anderes Traktat zum Thema, *Contra mendacium* (420), geschrieben hat.

Warum solch eifriges Forschen und Diskutieren über die Lüge? Warum soviel Dunkelheit und so viele Schwierigkeiten? Die Lüge präsentiert sich dem afrikanischen Rhetor unter einem doppelten Gesichtspunkt, einem ethischen und einem hermeneutischen. Jeder verweist auf den anderen, denn um ein ethisches Urteil zu verstehen, muß man die Hl. Schrift richtig interpretieren und um diese richtig interpretieren zu können, benötigt man Verweise, darunter auch solche ethischer Art, auf Dinge außerhalb dessen, was nur durch den geschriebenen Text denotiert wird.

Die Schlußfolgerung ist nicht uninteressant: Wenn auf der einen Seite die *voluntas fallendi* ohne Wenn und Aber verurteilt wird, so finden die Lügen, oder besser, die vermeintlichen Lügen der Hl. Schrift weitestgehend Rechtfertigung. Sei es, weil es keine Lügen sind, wie im Falle von Paulus' Vorwurf der »Heuchelei« an Petrus und Barnabas (Gal. 2, 11–16), sei es, weil sie in einem größeren Kontext zu verstehen sind, wie die Lüge der ägyptischen Hebammen. Jedenfalls sind die in der Bibel gesammelten Lügen nicht als Beispiele zur Nachahmung zu verstehen – sie werden immer ausdrücklich getadelt – , sondern in einem allegorischen Sinn. Tatsächlich ist dieser zweite Schluß eine Konsequenz des ersten. Wenn, wie Augustinus sagt, eine Lüge nur durch die Absicht eines Menschen zu lügen gegeben ist, dann lassen sich Berichte tatsächlich vorgefallener Ereignisse nicht als Lügen auffassen. Der Umstand, daß sie etwas anderes bedeuten als das, was sie bezeichnen, ist keine Lüge, denn dies geschieht nicht aus der Absicht zu lügen heraus, sondern um eine Lehre durch den Einsatz von Bildern besser zu veranschaulichen. Schuld daran trägt die Armut unserer Ausdrucksmittel, die, wie wir später noch sehen werden, trügerisch und verräterisch sind.

Der Text *De mendacio* wurde von Augustinus aus verschiedenen Gründen geschrieben: seelsorgerischen (um das leichtfertige Lügen unter seinen Gläubigen einzudämmen), apologetischen (als Antwort auf die Manichäer, die die Autorität der Hl. Schrift unter Berufung auf die Lügen der Patriarchen leugnen) und exegetischen (um auf Hieronymus zu antworten, der Paulus beschuldigte, seine Gedanken nicht aufrichtig dargelegt zu haben im Streit über die judaisierenden Stämme).

Das Werk ist als Untersuchung der Lüge gestaltet und führt diese Teile aus *De dialectica* und *De magistro* weiter, in denen zur Dunkelheit und Mehrdeutigkeit des Wortes noch der niederträchtige Wille des Sprechers, vorsätzlich zu lügen, hinzu kommt. Eine erste Bemerkung: die unerbittliche Analyse der vorsätzlichen Lüge erschüttert nicht im geringsten den ontologischen Aufbau, der in den früheren Werken Augustinus' Reflexionen über das Wort zugrunde lag. Von Anfang an ist klar, daß es dabei um »Dinge« geht, *de rebus (mend., 1,1)*, die nur auf Grund der Intention des Sprechenden und nicht auf Grund einer größeren oder geringeren Obskurität wahrheitsgetreu gesagt werden können oder eben nicht. Obskurität gibt es immer im Sprechen, entweder wegen der Grenzen des Sprechens selbst oder wegen der Niedertracht des Sprechenden. Nachdem die Hypothese einer zum Scherz geäußerten Lüge verworfen ist, definiert Augustinus die Lüge wie folgt: »Demgemäß lügt derjenige, der etwas anderes, als was er im Herzen trägt, durch Worte oder sonstige Zeichen, zum Ausdruck bringt« *(mend., 3,3)*. Die Lüge hängt von der Intention des Gemüts ab und nicht von der Wahrheit oder Unwahrheit der Dinge: »Daraus folgt, daß man die Unwahrheit sagen kann, ohne zu lügen, wenn man meint, es sei so, wie man sagt, mag es auch nicht so sein, und daß man die Wahrheit sagen und doch lügen kann, wenn man meint, es sei unwahr und es als wahr ausspricht, mag es auch in Wirklichkeit so sein, wie man es sagt.«

Dann formuliert er unter Bezugnahme auf umfangreiche Beispiele aus der Hl. Schrift das fundamentale Prinzip: Dem Bischof aus Hippo zufolge darf man nie lügen. Nicht einmal um ein Leben zu retten, denn das Leben der Seele wiegt mehr als das Leben des Leibes; nicht einmal um sich ein geistiges Gut zu verdienen, denn dieses ist nur in der Wahrheit und flieht den Lügner: »*restat ergo ut nunquam mentiantur boni*« *(mend., 8,11)*. Besser ist es, das Übel zu ertragen, als durch die Lüge welcher Art auch immer zum Komplizen zu werden. Der zweite Teil von *De mendacio* klassifiziert die Lügen nach ihrer abnehmenden Schwere. Demzufolge lügt man um:

1) jemanden zu bekehren (in Glaubensdingen zu lügen wiegt am schwersten);

2) schlechthin Böses zu tun;

3) sich am Betrug zu ergötzen;

4) jemandem einen Gefallen zu tun, indem man anderen schadet;

5) einen Gefallen zu tun, ohne Schaden anzurichten;

6) die Unterhaltung zu beleben;

7) ein Leben zu retten;

8) zu verhindern, daß jemandem eine unzüchtige Beleidigung geschieht (so im Falle Lots und seiner Gäste, der Engel).

Die mindere Schwere der letzten beiden Arten der Lüge ist offensichtlich, sie sind jedoch gleichfalls durch kluges Verhalten und Schweigen im rechten Augenblick zu vermeiden. Gegen jede minimalistische oder relativistische Interpretation hält Augustinus daran fest: »Diese ganze Erörterung geht freilich wechselweise hin und her; die einen behaupten, man dürfe nie lügen, und führen dafür Schriftstellen ins Feld, während die anderen Einspruch erheben und gerade im Wortlaut der Schriftstellen nach Raum für die Lüge suchen. Keiner jedoch kann sagen, er finde in einem Beispiel oder in einem Wort der Schrift einen Anhaltspunkt dafür, daß man irgendwelche Lügen gern haben oder nicht hassen soll; vielmehr scheint es so, daß man unter Umständen durch Lügen tun muß, was man haßt, um zu verhüten, was noch mehr verabscheuungswürdig ist. Aber darin irren die Menschen, daß sie Wertvolles dem Wohlfeileren unterordnen. Wenn man nämlich zugegeben hat, irgend etwas Böses müsse man geschehen lassen, damit nicht etwas anderes noch Schlimmeres geschehe, dann bemißt ein jeder nicht nach der Richtschnur der Wahrheit, sondern nach seiner persönlichen Begierlichkeit und Gewohnheit das Böse und hält das für schlimmer, vor dem er selber mehr sich entsetzt, nicht was man in Wirklichkeit mehr meiden muß.« Die Richtschnur, mit der sich das zu vermeidende Übel erkennen läßt, ist die Wahrheit, die dem Menschen innewohnt, ihn aber überragt. Diese Richtschnur verlangt, das ewige Leben über das zeitliche Leben zu stellen, und liefert so den Maßstab, um die Sittlichkeit des Handelns zu beurteilen, gegen die subjektive Angst oder die bloße Bewertung der sozialen Folgen des Handelns. Dann fährt er fort: »Dieser ganze Fehler hat seinen Ursprung in der verkehrten Richtung der Liebe. Wir haben ja doch ein zweifaches Leben: ein ewiges, das uns Gott verheißt, und ein zeitliches, in dem wir uns jetzt befinden. Wenn einer nun dieses zeitliche Leben mehr zu lieben anfängt als das ewige, dann meint er, wegen dieses zeitlichen, das er liebt, alles tun zu müssen, und für die schlimmsten Sünden erachtet er solche, die diesem Leben Abbruch tun und ihm gar irgendwelche Annehmlichkeiten ungerechter- und unerlaubterweise rauben oder es durch gewaltsamen Tod völlig vernichten. Daher hassen solche Menschen Diebe, Räuber, Ehrabschneider, Folterknechte und Mörder mehr als Zotenreißer, Trunkenbolde und Lüstlinge, wofern sie nur keinem lästig sind. Sie verstehen ja nicht oder kümmern sich überhaupt nicht darum, daß diese letzteren Gott Unrecht tun, nicht so, daß sie ihm irgendwelche Unannehmlichkeiten bereiten, wohl aber zu ihrem eigenen Verhängnis, indem sie seine Gaben in ihrer Person verderben, auch die zeitlichen, und eben dadurch sich von den ewigen abwenden, vor allem, wenn sie schon Gottes Tempel zu sein begonnen haben. Das sagt ja der Apostel zu allen Christen mit folgenden Worten: ›Wißt ihr nicht, daß ihr ein Tempel Gottes seid und Gottes Geist in euch wohnt? Jeden, der Gottes Tempel verdirbt, den wird Gott verderben; denn der Tempel Gottes ist heilig, und der seid ihr‹ (1 Kor. 3,16f) Alle diese Sünden, ob nun durch sie den Mitmenschen in den Annehmlichkeiten dieses Lebens selbst eine Unbill zugefügt wird oder ob durch sie die Menschen sich selber verderben, ohne einem anderen gegen seinen Willen zu schaden, alle diese Sünden also mögen zwar dem Anschein nach im irdischen Leben zu irgendwelchem Vergnügen oder Nutzen verhelfen – begeht doch keiner eine von diesen Sünden mit einer anderen Absicht oder zu einem anderen Zwecke –, allein hinsichtlich des ewigen Lebens bereiten sie den in sie Verstrickten in jeder Weise Hemmnisse.« (*mend.*, 38, 39).

Die Lüge ist definiert

Was einen daran hindert, das ewige Leben zu erreichen, das ist die Sünde, und die Sünde begeht man innerlich: im Falle der Lüge, wenn die Absicht zu lügen besteht, im Falle der Scham, wenn man der Schändlichkeit zustimmt. Die Unterscheidung zwischen dem, was erlitten wird, und dem, was gewollt wird, ist ganz eindeutig. Die Geschichtsschreibung wird jede Doktrin als »Zweckethik« definieren, die den moralischen Charakter des Tuns an der Richtung mißt, die das Subjekt seinem Tun auferlegt, und nicht an den Konsequenzen, die sich daraus ergeben. Gott berücksichtigt »den Geist, mit der man die Dinge tut« (*Ethica seu liber scito te ipsum,* 3), und nicht die Dinge selbst, wird Abelard sechshundert Jahre nach Augustinus nahe legen, während Thomas von Aquin den Gegenstand des moralischen Urteils in den »Willensakt« legt (*Summa theologica, II, IIae, q.12, a.1*). Vom »guten Willen« werden wir wiederum in Kants *Grundlegung zur Metaphysik der Sitten* lesen, im ersten Abschnitt, »Übergang von der gemeinen sittlichen Vernunfterkenntnis zur philosophischen«: »Es ist überall nichts in der Welt, ja überhaupt auch außer derselben zu denken möglich, was ohne Einschränkung für gut könnte gehalten werden, als allein ein guter Wille.«

Von Augustinus lernen wir demnach, daß die Lüge nicht von der Wahrheit oder Unwahrheit dessen abhängt, was gesagt wird, sondern von der Intention dessen, der spricht. Und gleichzeitig werden wir ermahnt: die Guten lügen nie. Tatsächlich nie? Nicht einmal, um ein Leben zu retten, nicht einmal, um das Vaterland zu retten, nicht einmal zum Spaß? Augustinus antwortet: »Klar ist demnach, nachdem alles durchgesprochen ist, daß die Zeugnisse der Schrift nur die eine Mahnung enthalten, schlechthin niemals dürfe man lügen.« (*mend.,* 42). Die letzte Seite des Traktats *De mendacio* unterstreicht noch einmal die Unzulässigkeit irgendeiner der oben aufgezählten acht Arten der Lüge, auch derjenigen, die am wenigsten schwer schien, der Lüge aus Gründen der Scham, denn »die Keuschheit der Seele steht über der Reinheit des Lebens«. Von dieser Unnachgiebigkeit wird im nächsten Kapitel nochmals die Rede sein, wenn es um das Verbot der Lüge geht. Zunächst einmal hat uns der Text von Augustinus eine brauchbare Definition an die Hand gegeben, die für Jahrhunderte ihren Wert behalten hat, und schließlich einen kleinen Trost: Nachdem Augustinus unerbittlich auf der Sündhaftigkeit jeder Art der vorsätzlichen Lüge bestanden hat, zitiert er aus dem zweiten Brief an die Korinther: »Und wer ist hierzu tüchtig?«, »et ad haec quis idoneus?«, als wollte er sagen, man darf nie lügen, aber mal ehrlich, wer ist dazu schon in der Lage?

Ein Lügner ist folglich, wer etwas *in animo*, im Sinn, hat und mit Worten oder irgendeinem anderen Ausdrucksmittel etwas anderes (*aliud*) äußert. Es lügt, wer ein »doppeltes Herz« hat (*mend.*, 3,3), er lügt im Wissen darum, zu lügen, unabhängig von der Wahrhaftigkeit seines Sprechens und Handelns. Wie bereits im Aristotelischen Text erwähnt, kann man auch im Verhalten zum Lügner werden, nicht nur im Sprechen, also in allem, was einen kommunikativen Akt ausmacht. Daher die bekannte Definition des Zeichens als »alles (...), was man zum Lügen verwenden kann.« (Eco 1987, S. 17) und der allgemeinen Semiotik als Theorie der Lüge, denn »wenn man etwas nicht zum Aussprechen einer Lüge verwenden kann, so läßt es sich umgekehrt auch nicht zum Aussprechen der Wahrheit verwenden: man kann es überhaupt nicht verwenden, um ›etwas zu sagen‹«.

Die Wahrheit, die wir zu Anfang dieses Kapitels als ontologisches Thema zurückgewiesen haben, kommt so als »virtù«, als Tugend wieder ins Spiel, und zwar durch die Definition der Lüge und insbesondere der Mittel, die sie ermöglichen, das heißt durch all das, was Zeichen ist. Nichts anderes sagt Thomas von Aquin, wenn er die Lüge als Versündigung »gegen die Wahrheit« erklärt, im Sinne einer Tugend und nicht gegen die Gerechtigkeit oder die Güte. Die Tugend der Wahrheit besteht nämlich »in manifestatione, quae fit per aliqua signa« (*Summa theologica, II, IIae, q. 110, a. 1*) und diese Manifestation, die durch die Zeichen erfolgt, ist ein »moralischer Akt«, denn im Unter-

schied zu den *bruta animalia*, die getrieben von ihrem »natürlichen« Instinkt Zeichen machen, geschieht das Bezeichnen der
Menschen immer willentlich (s. auch Castelfranchi, Poggi, 1998.
S. 49: »Den niedrigen Tieren wollen wir keine *Intention* zur
Täuschung unterstellen, denn diese stellt ›das Bewußtsein des
anderen‹ in Rechnung ... Der Zweck der Täuschung muß hier in
einer *biologischen Funktion oder Zweckhaftigkeit* liegen«). Die
Definition von Augustinus wird von Thomas von Aquin aufgegriffen und kommentiert. In Anlehnung an Petrus Lombardus
unterteilt er die Lügen in »nützliche, unterhaltsame, gefährliche« (*ibidem*, a. 2) und unterscheidet die Lüge von anderen
Formen der Unehrlichkeit wie der Verstellung, der Heuchelei,
der Prahlerei oder Ruhmsucht und ebenfalls der Ironie.

Seine Quellen sind Aristoteles und Augustinus und wir erlauben uns, eine Analyse der Schriften Thomas von Aquins auf
das nächste Kapitel zu verschieben. Im Augenblick beschränken wir uns darauf festzustellen, wie Augustinus' Definition im
christlichen Okzident rezipiert und vom gesundem Menschenverstand des Dominikaners dahingehend abgemildert wurde,
daß er nicht nur all die von jeder Schuld befreit hat, die, ohne es
zu wissen, die Unwahrheit sagen, sondern auch den bewußten
Lügner davon, auf jeden Fall eine Todsünde begangen zu haben.

Innerer Vorbehalt

Wir haben eine Definition gefunden und den ein oder anderen
Klassifikationsversuch unternommen; bevor nun die Bedingungen untersucht werden, unter denen man eine Lüge äußern
kann, darf ein Element nicht vernachlässigt werden, das in der
Geschichte des Christentums immer in Begleitung des Verbots
durch die Doktoren und Kirchenväter auftrat. Die Rede ist von
der sogenannten »Mentalreservation«, der *Escamotage* des 17.
Jahrhunderts, durch die es möglich wurde, die Unwahrheit zu
sagen, wissend, daß es die Unwahrheit ist, und dabei eine vom
Gesagten (mit Worten oder mit Gesten) unterschiedene und
wahrheitsgetreue Bedeutung im Kopf zu haben. Sie rettet noch

heute dem Sohn die Unschuld, wenn er gezwungen ist, am Telefon zu sagen: »Nein, der Papa ist nicht da«, und dabei zu denken, »in diesem Zimmer«, oder »jedenfalls nicht für Sie, Sie Nervensäge«. Viele Beziehungen konnten durch ein Gedankenspiel mit Adverbien und Pronomen gerettet werden (»wie kommst du bloß auf die Idee, daß ich dich mit ihm betrüge?«; »Aber ich sehe sie doch schon lange nicht mehr.« Ach, wirklich? Wie lange?), aber auch vielen Rigoristen (es müssen nicht unbedingt Christen sein, es reicht, wenn es Kantianer sind, wie noch zu zeigen sein wird) hat die Mentalreservation ermöglicht, Leben zu retten und sich zu Lügen hinreißen zu lassen, die Thomas von Aquin als »nützlich« definiert hatte, *mendacia officiosa*, und die wir als »Mitleidslügen« oder »Liebeslügen« bezeichnen.

Die »Mentalreservation«, inzwischen zum Terminus technicus für Rechtshändel geworden, in denen die Willenserklärung nicht mit dem inneren Willen des Erklärenden übereinstimmt, ist als Ausdruck der inneren Lauterkeit entstanden. Uns stört der Formalismus eines Menschen, dem »nicht danach ist« zu lügen, obwohl ihm klar ist, daß er dies tun muß und auch will und der deshalb lügt, ohne sich ein Gewissen zu machen, aber der Ursprung liegt wahrscheinlich in der Suspendierung des Urteils, die Ignatius von Loyola von seinen Anhängern verlangte, um ein negatives Urteil über einen Menschen zu vermeiden, auch wenn aller Augenschein dagegen sprach. In den *Geistlichen Übungen* (22 a) schreibt Ignatius, »daß jeder gute Christ mehr dazu bereit sein muß, die Aussage des Nächsten für glaubwürdig zu halten, als sie zu verurteilen«. Er verteidigt sich damit indirekt gegen die Anklage der Häresie und verlangt von seinen Anhängern, für jede gehörte Aussage die jeweils beste ethische Bedeutung zu suchen.

Wenn wir von der Notwendigkeit gesprochen haben, die Wahrheit der Dinge von der Aufrichtigkeit dessen zu trennen, der sie zum Ausdruck bringt, müssen wir nun auf eine weitere Trennung hinweisen: die zwischen einem ersten Urteil über die Aufrichtigkeit dessen, der spricht, und einem zweiten Urteil über die realen Absichten der durchaus ehrlich gemeinten Aussage, ob sie nun dem Subjekt bekannt sind oder nicht. Dies kann auch in der Innerlichkeit dessen vor sich gehen, der die Mentalreservation ausübt. War es nicht diese »Reservation«, zu der Pius XI. den Italienern geraten hat, die durch den Eintritt in die Partei und den faschistischen Schwur »Arbeit, Brot und Leben« retten konnten? Auf der Suche nach einem Mittel, »dem Gewissen Ruhe« zu schenken, forderte der Papst die Parteimitglieder dazu auf, »vor Gott und dem eigenen Gewissen eine Reservation zu machen, ›unter Bewahrung der Gesetze Gottes und der Kirche‹ oder ›in Übereinstimmung mit den Pflichten eines guten Christen‹, mit dem festen Vorsatz, auch nach außen hin diese Reservation zu erklären, sowie die Notwendigkeit dazu besteht« (Enzyklika *Non abbiamo bisogno*, 29. Juni 1931).

Man muß mindestens zu zweit sein

»Ach, wie schwer ist es doch, ganz allein die Wahrheit zu wissen!«, sagt der Held der Erzählung *Traum eines lächerlichen Menschen* von Dostojewski (1877), nachdem er über die Traurigkeit geklagt hat, die ihn befällt, wenn er »ihnen« zuschaut, das heißt der ganzen Menschheit: »Traurig, weil sie die Wahrheit nicht wissen. Ich aber weiß die Wahrheit.« Auch hier interessiert uns nicht, was diese Wahrheit sei. Im vorliegenden Fall geht es um die zur Gewißheit gewordene Unterstellung, »daß auf der ganzen Welt alles überall vollkommen einerlei sei«, so sehr, daß nichts wirklich existiert, daß nichts jemals existiert hat noch je existieren wird. Interessant ist jedoch, daß der Held der tragischen Erzählung niemals die »anderen« belügen kann, sowie er auch nie wird mitteilen können, was er für die Wahrheit hält, denn er ist der einzige, der sie kennt und glaubt. Um ihn herum spielen sich die Dramen des Lebens ab, die ihn keineswegs kalt lassen, seine Überzeugung aber nicht zu erschüttern vermögen, obwohl sie ihn vom Vorsatz des Selbstmordes abbringen: das Mädchen, das sich fiebergeschüttelt an seinen Arm klammert und um Hilfe für die Mutter bettelt, die vielleicht im Sterben liegt; die Roheit der beschäftigungslosen und betrunkenen Soldaten im Zimmer nebenan; das familiäre Elend der Witwe, nichts läßt den Gedanken aufkommen, daß es noch etwas anderes gibt als das Nichts für diesen Menschen, der seine Nächte so verbringt: »Ich sitze bis zum Morgengrauen in meinem Sessel und tue nichts.« Nichts spricht den Helden der Erzählung an, denn nichts und niemand spricht seine Sprache, nur er kennt die Wahrheit.

Nach der Definition der Lüge wird nun klar, was die notwendige Bedingung für ihr Aufblühen zu sein hätte: es muß ein vorausgehendes Einverständnis über die Wahrheit geben. Das heißt, es muß Verständigung möglich sein: nicht die Wahrhaftigkeit dessen, was man sagt oder mit irgendeinem anderen Mittel zum Ausdruck bringt, sondern das Einverständnis darüber, was als »wahr« zu gelten hat, auf dessen Grundlage die Sprecher dann entscheiden können, ob sie das sagen, was der gemeinsamen Definition des »Wahren« entspricht, oder ob sie etwas anderes sagen und somit lügen. Wir wissen alle, daß die Sonne nicht auf- und nicht untergeht, sondern daß sie sich um die Erde dreht. Alle sprechen wir jedoch einvernehmlich von Sonnenaufgang und Sonnenuntergang. Wenn ich eines Morgens, zum Spaß oder aus Bosheit, einem einfältigen Menschen, der vielleicht gerade von einem Intercontinentalflug zurück ist, sagen würde: »Oh, schau nur, wie der Himmel sich rosarot färbt, so ein schöner Sonnenuntergang«, dann wäre ich ein Lügner. Ich wäre keiner, wenn ich sagte: »Ich verstehe, daß du ein bißchen durcheinander bist, aber die Sonne geht gerade auf«, denn obwohl ich damit eine bekanntermaßen falsche Aussage mache (die Sonne dreht sich um die Erde, sie geht also nicht auf), so liegt diese Aussage doch innerhalb einer beiderseitigen Übereinkunft hinsichtlich eines wahrheitsgetreuen Sprechens und ich wäre nur sterbenslangweilig und keineswegs ehrlich, wenn ich sagte: »Mein Lieber, diese rosaroten Wolken deuten darauf hin, daß sich die Erde demnächst in einer Position befindet, die uns den Eindruck vermittelt, daß die Sonne hinter diesen schneebedeckten Bergen aufgeht, aber wir wissen ja, daß dies nicht so ist.«

Scharen von Wissenschaftlern haben bereits mit größerem Nachdruck gesagt, was im vorangegangenen Paragraphen behauptet wurde; da der Gedanke also einfach und klar ist, warum sich nicht von sympathischeren Stimmen leiten lassen wie beispielsweise den Autoren von Romanen, Novellen und Märchen für Kinder? Die Schriftsteller Jonathan Swift, Lewis Carroll und Gianni Rodari haben Situationen beschrieben, in denen die Lüge aus einem Überfluß oder einem Mangel heraus nicht möglich war, sei es, weil der Begriff der Lüge selbst fehlte und es deshalb unmöglich war, eine Lüge von einer wahren Aussage zu unterscheiden, sei es, weil die Lügen so zahlreich waren, daß sie sich gegenseitig aufhoben.

Die unmögliche, weil nutzlose Lüge

Der vierte Teil von *Gullivers Reisen* (1726) enthält die Beschreibung einer Reise des Helden ins Land der Houyhnhnms. Bei diesen Lebewesen handelt es sich um intelligente sprechende Pferde, die eine Art menschliche Unterrasse beherrschen, die Yahoos (richtig, wie die Suchmaschine), und weder zum *Zweifel* noch zum *Nichtglauben* fähig sind. Nachdem sie begriffen haben, daß Gulliver anders ist als die ungeschlachten Yahoos, bittet einer der Gastgeber den Engländer, sein Leben zu erzählen und sein Herkunftsland zu beschreiben. Gulliver war es nicht schwergefallen, die Sprache der Pferde zu lernen, die »hauptsächlich durch die Nase und Kehle« sprechen, so daß ihre Sprache »dem Deutschen am nächsten« kommt (ein Engländer lässt so schnell keine Gelegenheit aus, gegen die Deutschen zu sticheln), aber er hat doch beträchtliche Probleme, sich verständlich zu machen. Daß ein Land jenseits des Meeres »existiert«, »sei unmöglich« für die Houyhnhnms, Gulliver müsse sich also irren, wenn er von England rede.

Gulliver wird nicht beschuldigt zu lügen, sondern sich zu irren. Die Lüge als vorsätzlicher Akt ist für die Houyhnhnms unvorstellbar, sie halten die Behauptung von etwas, »was nicht ist«, für einen Fehler, der den Informationsstand des Zuhörers senkt, statt ihn zu erhöhen. Die Lüge ist deshalb für die weisen und arglosen Pferde ein sinnloser Akt, der am Gebrauch der Worte vorbeigeht, wie der Rotfuchs betont, der Gulliver aufgenommen hat: »Man kann dann von mir nicht sagen, daß ich den Sinn seiner Rede begreife, auch bin ich dann so weit davon entfernt, über etwas unterrichtet zu werden, daß ich vielmehr schlimmer daran bin, als wüßte ich gar nichts; ich müßte zuletzt glauben, etwas Weißes sei schwarz und etwas Kurzes lang«, dabei ist uns doch der »Gebrauch der Rede gegeben, damit wir uns untereinander verständigen«.

Die Stoiker hatten eine ganz ähnliche Sicht der Dinge: Sie hielten die Zustimmung zu einem dargestellten Sachverhalt für unvermeidlich, denn, soweit er wahr ist, zeigt er sich mit unanfechtbarer Evidenz: »Erfassend ist die [Vorstellung, die] von Existierendem [herrührt], und in Übereinstimmung mit dem Existierenden selbst eingeknetet und eingedrückt ist, wie sie von Nichtexistierendem nicht ausgehen kann.« (Sextus Empiricus, *Gegen die Dogmatiker.* I §§ 3 Satz 248). Das Wort reproduziert den Sinneseindruck nach einem nominalistischen oder zumindest begrifflichen Schema, das prinzipiell nur Raum läßt für die Fehler der sinnlichen Wahrnehmung (der Stock im Wasser, der zerbrochen scheint, es aber nicht ist), aber keine Möglichkeit zur bewußten Täuschung einräumt. Auch im Verhalten gleichen unsere Houyhnhnms den Stoikern, denn sie halten nicht nur die Lüge für sinn- und zwecklos, sondern auch den Kampf um die Macht, die Kriege und alle möglichen Laster, vom Diebstahl bis zur Sodomie. Dazu sei die ironische Bemerkung Swifts erwähnt, der in den *Gedanken über mancherlei Dinge* kommentiert: »Die Forderung der Stoiker, unsere Bedürfnisse durch Zurückhaltung in unseren Wünschen zu befriedigen, entspräche dem, daß wir uns die Füße abschlügen, wenn uns die Schuhe fehlten.« Für die Houyhnhnms wie für die Stoiker liegt die Wahrheit sichtbar auf der Hand. Die Lüge ist zwecklos und deshalb paradoxerweise unmöglich. Ein Lügner würde von einem sprechenden Pferd kuriert werden wie ein Farbenblinder oder ein Verblendeter.

Einverständnis vorausgesetzt

Wenn es keine Lügner geben kann, wo zuviel Wahrheit ist, haben sie auch dort kein Bleiberecht, wo es nicht ein minimales Einverständnis über die Wahrheit gibt, wie bereits bei Dostojewskis Erzählung und beim Thema Sonnenaufgang bemerkt wurde. Ein bekannter Fall ist der von Humpty Dumpty, Hauptfigur eines Wiegenliedes (*nursery rhyme*), ein eiförmiges Wesen, das Alice in *Alice hinter den Spiegeln* trifft. Carrolls Buch (1865–1871) ist nicht nur seiner Lesergemeinde, den Anglisten und den Logikern, sondern auch den Experten der virtuellen Realität wegen des Anfangskapitels gut bekannt, in dem beschrieben wird, wie Alice durch den Spiegel geht und dabei der Katze Kitty zuruft: »Tun wir doch so, als ob aus dem Glas ein weicher Schleier geworden wäre, daß man hindurchsteigen könnte. Aber es wird ja tatsächlich zu einer Art Nebel! Da kann man mit Leichtigkeit durch«. Diesem Zitat werden wir wieder begegnen, wenn im fünften Kapitel von der Suspendierung der Ungläubigkeit die Rede ist. Einstweilen wollen wir uns mit der Episode von Humpty Dumpty begnügen, die noch einmal die Notwendigkeit des Einverständnisses darüber hervorhebt, was wahr ist, um auch in einer völlig imaginären Welt kommunizieren zu können, in der Welt jenseits des Spiegels, zu der man nur deshalb Zutritt hat, weil man so tut, als würde das Glas weich wie ein Schleier. Der Dialog zwischen Alice und dem großen Ei (das behauptet, aus onomatopoetischen Gründen so zu heißen, *hump* bedeutet nämlich »Buckel« und *dumpy* »gedrungen«), paradox und amüsant wie alle Szenen, die Carroll erzählt, kulminiert in Humpty Dumptys Erklärung: »Wenn ich ein Wort gebrauche, dann heißt es genau, was ich für richtig halte – nicht mehr und nicht weniger.« Auf das Staunen des Mädchens, daß es möglich sein soll, den Worten viele verschiedene Bedeutungen beizulegen, gibt das Ei die definitive Antwort: »Es fragt sich nur, wer der Stärkere ist, … weiter nichts.«

Aus diesem Grund erfindet Humpty Dumpty Worte und Bedeutungen dafür und behauptet: »Ich kann alle Gedichte erklären, die jemals erdacht worden sind – und außerdem noch eine ganze Menge, bei denen das Erdenken erst noch kommt.« Aber Humpty Dumpty kann nicht lügen und er kann auch nicht getäuscht werden, denn da es keine Vereinbarung über die Bedeutungen gibt, gibt es auch keine Kommunikation und folglich keine Täuschung. Das fällt dem drolligen Kerl auch selbst auf, gleich zweimal: das erste Mal, als er die Nicht-Arbitrarität seines Namens erklärt; das zweite Mal, als er Alice zurechtweist, die behauptet, »gesehen« zu haben, daß er nicht sang (»Wenn du siehst, ob ich singe oder nicht, mußt du ungewöhnlich scharfe Augen haben«). Gerade er, der unumschränkter Herr über die Bedeutungen sein will, sucht für seinen eigenen Namen einen »natürlichen« Sinn, damit er zweifelsfrei von allen »erkannt« wird, und von den anderen fordert er korrekte Sprachbeherrschung, um nicht mißverstanden zu werden, obwohl er sich das Recht zum Mißverständnis durchaus herausnimmt.

Diese Situation wird von Gianni Rodari in seinem berühmten Märchen *Gelsomino nel paese dei bugiardi – Jasmin im Land der Lügner* (1958) auf die Spitze getrieben. Der Autor stellt sich vor, daß der Pirat Giacomone, der genug davon hat, über die Meere zu kreuzen, auf dem Festland ein Dorf in Besitz nimmt, seinen Namen in König Giacomone I. ändert und seine Männer, einfache Seeräuber, zu Admirälen, Kapitänen, Polizisten und Hauptmännern der Feuerwehr ernennt. Dann erläßt er ein Gesetz, daß alle darauf verpflichtet, ihn Seine Majestät zu nennen, bei Strafe des Zungenabschneidens. »Um sicher zu gehen, daß es niemandem einfiele, die Wahrheit über ihn zu sagen, gab er bei seinen Ministern eine Reform des Vokabulars in Auftrag.« Zuallererst einmal sollte »Pirat« die Bedeutung »Gentleman« haben, morgens begrüßte man sich mit »Gute Nacht« und wenn man jemandem ein Kompliment machen wollte, mußte man sagen » Was habt Ihr bloß für ein Ohrfeigengesicht«. Das Gesetz erhob die Lüge zur unumgänglichen Pflicht und die Polizisten bestraften alle, die sich versprachen und zu den Maiblumen etwa »Rosen« sagten statt Karotten, ebenso alle, die ihr Fleisch beim Metzger kaufen wollten statt beim Bäcker oder auch alle, die bei Regenwetter nicht den strahlenden Sonnenschein priesen. Damit nicht das völlige Verständigungschaos ausbrach, war König Giacomone um denotative Härten nicht herum gekommen: die Rosen waren Karotten und nicht Artischocken; die Katzen waren Hunde und nicht Kanarienvögel (sie mußten lernen zu bellen, die Hunde zu miauen). Erklärtermaßen galt nur die Lüge, zum Beispiel einem Menschen gegenüber, der schwor, nur die Wahrheit gesagt zu haben: »Ah, ah – rief nun seinerseits der Wachhauptmann und sein Gesicht erhellte ein böses Lächeln. Da behauptet einer, die Wahrheit zu sagen. Mein Freund, ich hatte gleich das Gefühl, daß Ihr ein wenig verrückt seid, aber nun habt Ihr mir selbst den Beweis geliefert. Ab mit Euch ins Irrenhaus.«

Das Irrenhaus steckt natürlich voller Gefangener, die mit Jasmins Hilfe fliehen können: »Es ist gegen die Regeln, aber andererseits sind die Regeln gegen uns. Also, nichts wie raus hier.« Die Revolte bricht aus, als eine Katze miaut, anstatt zu bellen. Die von König Giacomone verordnete Rigidität, mit der er seine Vergangenheit als Verbrecher verbergen will, verträgt sich nicht mit der Alltagskommunikation, auch ein Gesetz ändert daran nichts. Ein solches Gesetz muß auf einem Übereinkommen beruhen und kann nicht auf Dauer verhängt werden. Ob es nun aus der Natur stammt (wie der Name von Humpty Dumpty oder wie die Worte der Houyhnhnms) oder auf eine Konvention zurückgeht (wie die Gedichte von Alice oder der Name »Rose«, den nun mal eine Blume bekommen hat und kein Gemüse), es muß sich um ein von denen anerkanntes und akzeptiertes Übereinkommen handeln, die mit Worten und Gesten kommunizieren.

Die idealen Bedingungen

Ein Zuviel an Wahrheit oder Lüge erstickt die Lüge, sie braucht ein geschütztes Umfeld, um zu gedeihen, so geschützt, daß sie da am besten gelingt, wo sie mit Elementen der Wahrheit maskiert wird, die mit dem Vorsatz der Täuschung gesagt werden.

Es ist der rhethorischen Kunst eigentümlich, daß sie wahrscheinliche oder gesicherte *exempla* benutzt, um hypothetische oder tendenziöse Thesen zu vertreten, aber die Kraft der aufgerufenen Bilder und die Wahrscheinlichkeit der zitierten Ereignisse zieht auch den Betrachter der Lüge in ihren Bann, bis er sich von den Emotionen mitreißen läßt und auch er das Unglaubliche glaubt. Sagen wir lieber das wenig Glaubliche, denn genau das ist die Funktion der *exempla* und der Vermischung von wirklichen Fakten mit Annahmen und Lügen: eine Lüge glaubhaft zu machen, die aus eben diesem Grund oft *viel glaubhafter* wirkt als die Wirklichkeit. Die Wirklichkeit verstört, erschüttert, ist unvorhersehbar und unumkehrbar. Das Unwahre aber kann natürlich, das heißt »menschlich«, gemacht werden, besonders wenn es von Elementen der Wahrscheinlichkeit und von Beispielen bekräftigt wird. Ein beispielhafter Fall eines indirekten Betruges, der bereits im Beitrag von Castelfranchi und Poggi (1998) zitiert wird, sind die Lügen Jagos in der Tragödie von Shakespeare (1662). Jago lügt eigentlich nicht. Jago führt Othello in den Wahnsinn der Eifersucht und doch beschränkt er sich darauf, nur auf wirklich Vorgefallenes hinzuweisen (den Verlust des Taschentuchs; die anzügliche Erzählung von Cassio – der von Bianca spricht, aber Jago läßt glauben, es handle sich um Desdemona – ; die Fürsprache von Othellos Frau für Cassio) und eine Interpretation nahezulegen. Die einzige grobe Lüge ist die Schilderung einer Nacht, in der ihm Cassio im Traum seine Liebesbeziehung zu Desdemona verraten haben will: eine überflüssige Lüge, am Ende des dritten Aufzuges, und nur auf Drängen Othellos nach einem »sichtlichen Beweis« gesagt und von Jago selbst sofort entkräftet (»Nun, dies war nur ein Traum«).

Jago, diese Verkörperung des *villain*, des »Bösen«, erweist sich sofort als großer Lügner: im ersten Aufzug spricht er mit dem Tölpel Rodrigo. Der Fähnrich des Mohren verrät, daß er nur vorgibt, aus Liebe und Pflicht Othello zu dienen, und bekennt ohne Scham, »Wenn ich ihm diene, dien' ich nur mir selbst«, denn »Ich bin nicht, was ich bin« (*Othello*, I, 1). Dieses

Geständnis verweist zwangsläufig auf den Ausdruck in Exodus 3, 14, der dem religiös, vielleicht sogar katholisch erzogenen und bekennenden Komödienschreiber sicher bekannt war. Schon viele Übersetzungen wurden vorgeschlagen für dieses »Ego sum qui sum«, das Moses von Gott als Antwort auf seine Frage nach dem Namen des Herrn gehört haben will, doch jemand, der behauptet: »I'm not what I am«, präsentiert sich bewußt als das Böse in Person, als Anti-Gott, als »Vater der Lüge« (Joh. 8, 44). Als solcher ist er ein Meister im Lügen, ohne dabei auf das vulgäre Mittel der Lüge selbst zurückgreifen zu müssen. Man denke an die Versuchung in der Wüste, wo Satan denjenigen, den er für Christus hält, dazu bringen will, sich gegen Gott aufzulehnen, sich also in seinem eigenen Wesen zu widersprechen und dies im Namen der heiligen Schrift zu tun, die er geschickt einsetzt (Luk. 4, 1–13, wo Psalm 91 zitiert wird, »Bist du Gottes Sohn, so wirf dich von hier hinunter; denn es steht geschrieben: ›Er wird seinen Engeln befehlen über dir, daß sie dich bewahren‹«.)

Wenn das Theater Shakespeares der Wirklichkeit den Spiegel vorhält (wie ein anderer *villain* behauptet, der Protagonist in *Hamlet*, III, 2), dann darf einer solchen Darstellung die Durchtriebenheit des schlechthin Bösen nicht fehlen, der in seinem Tun weit über die Motive des Neides, der Eifersucht und der Rache hinausgeht, Motive, die Jago scheinbar bewegen. Jago ist der Mann des feinsinnigen Räsonnements, seine Kunst besteht im Gebrauch der Worte, eben jener Worte, die der Tatmensch Othello aus dem Mund seines Schwiegervaters Brabantio so verächtlich behandelt hört: »Doch Wort bleibt Wort: noch hab ich nie gelesen, Daß durch das Ohr ein Herz genesen.« Othellos Naivität ist ausgesprochen groß, gerade da, wo er sich nicht erinnert, daß Desdemonas Liebe ihren Ursprung in den Worten hat, in den Erzählungen seines abenteuerlichen Lebens. Dies geht auf einen literarischen Topos zurück, dem zufolge schon Dido durch die Erzählungen des Äneas in Liebe entbrannte, noch bevor die junge Nausikaa um Odysseus bangte, den Fremden, der den Gefahren der Reise eben entronnen war.

Vorahnungen der tragischen Rolle der Täuschung finden sich bereits im ersten Aufzug: Desdemonas Vater hält es für unglaubwürdig, daß sich seine Tochter in den Mohren verliebt haben könne (»Ein krankes Urteil wär's, ein unvollkommnes, Das wähnt', es irre so Vollkommenheit, Ganz der Natur entgegen«: wie oben schon angedeutet, die Realität ist unvorhersehbar und verdient deshalb keinen Glauben). Hier fällt auch das berühmte Wort Brabantios: »Sei wachsam, Mohr! Hast Augen du zu sehen, Den Vater trog sie, so mag's dir geschehen.« (I, 3). Aber Othello hört auf keine Anspielungen, Othello kennt nur Tatsachen, er ist ein Kriegsherr und hat nur eine Fähigkeit, nämlich die Guten von den Bösen zu unterscheiden, Freund von Feind, ohne Ambiguität und leider auch ohne Zweifel. Das satanische Werk Jagos ist deshalb einfach: er muß nur unanfechtbare Fakten schaffen und für ihre wahrheitswidrige Interpretation sorgen, ohne sich Blößen zu geben. Jago macht Cassio betrunken und sorgt für Raufhändel, dann beschränkt er sich darauf, das Verhalten des Leutnants und Rivalen wahrheitsgemäß zu beschreiben. In Begleitung Othellos sieht Jago, wie Cassio mit Desdemona spricht, und zeigt sich besorgt, ohne jedoch zu sagen, warum (»Ha! – Das gefällt mir nicht!«); Jago versteht es, schreckliche Zweifel im Mohren zu wecken, indem er ihm Fragen stellt, ohne irgend etwas zu behaupten. Ganz im Gegenteil gibt er sich sogar zurückhaltend (»Hat Cassio, als Ihr warbt um Eure Gattin, Gewußt um Eure Liebe?« »Vom Anfang bis zu Ende; warum fragst du?« »Nur um zu wissen, ob ich richtig dachte. Nichts Arges sonst.«). Er versäumt es jedoch nicht, Othello die schrecklichen Worte des Schwiegervaters in Erinnerung zu rufen, daß Desdemona den Ehemann betrügen könnte, so wie sie schon den Vater betrogen hat.

Jago entwendet das Taschentuch, das eine Zauberin der Mutter Othellos gegeben hatte und dieser seiner Frau, und sorgt dafür, daß es bei Cassio gefunden wird. Wieder einmal lügt Jago nicht, wenn er sagt, er habe das kostbare Tuch in Cassios Händen gesehen. Er lügt jedoch, was den Traum betrifft (Aber es war ja nur ein Traum), und er lügt, als er Othello glauben macht, er werde Cassio über Desdemona zum Reden bringen, während er ihn in Wirklichkeit nur zu seiner Geliebten Bianca befragt. Es ist interessant zu beobachten, daß diese beiden halben Lügen von ständigen Ehrlichkeitsbeteuerungen begleitet werden seitens dessen, der im Laufe der Tragödie als der »ehrliche Jago« bezeichnet wird (»So wahr ich ein ehrlicher Mann bin«; »Da dieser Rat aufrichtig ist und redlich«). Es ist ja bekannt, je mehr dem Lügner bewußt ist, sich auf den glitschigen Hang der offenen Lüge hinaus zu wagen, desto stärker fühlt er das Bedürfnis, sich mit Beteuerungen seiner Integrität, seiner guten Absichten und seiner Loyalität, aber auch gestisch mit vor Gesicht und Mund gelegter Hand zu schützen (Anolli, Ciceri, 1992). Auch als die Tragödie an ihr Ende gekommen ist, als Desdemona durch die wahnsinnige Eifersucht des Mohren den Tod gefunden hat, verteidigt sich Jago gegen die Anklagen seiner Frau Emilie mit dem Hinweis, daß er keine andere Schuld habe als die, seine Meinung gesagt zu haben: »Ich sagt' ihm, was ich dachte: sagt' auch nichts, Als was er selbst glaubwürdig fand und wahr.« (V, 2).

Väter und Söhne der Lüge

Erst als die Wahrheit ans Licht kommt, als Lodovico, Montano und Cassio auftreten, beschließt Jago zu schweigen: »Fragt mich um nichts mehr, was ihr wißt, das wißt ihr. Von dieser Stunde red' ich nicht ein Wort.« Der Rest ist Schweigen, wie schon im Finale von *Hamlet*. Aber nicht das Schweigen dessen, der keine Worte hat, all das Böse zu beschreiben oder zu erinnern, das in Helsingör verübt wurde. Jagos Schweigen ist die Waffe, die in die Scheide zurückgleitet, nachdem sie zugestoßen hat. Ohne offensichtlich und grob zu lügen hat das Wort eingeflüstert, verleitet und schließlich überredet, das Unwahre zu glauben, das, was von Anfang an »glaubwürdiger« war als die Liebe eines schönen und edlen Mädchens zu einem Mohren statt zu einem attraktiven jungen Mann wie Michael Cassio, »recht den Frau'n gefährlich« (I, 3). Jago ist ein Meister im Lü-

gen, die Nacht und die Hölle ruft er an, daß sie ihm helfen, seinen Plan durchzuführen (»*hell and night must bring this mon-
strous birth to the word's light*«, I, 3): die perfekte Inkarnation des
»Vaters der Lüge«.

Jago hat sich für seine Vorgehensweise das durchtriebene
Spiel der Schlange zum Vorbild genommen, hinter deren Gestalt sich Satan, der Feind Gottes, verbirgt. Die Kapitel 1 und 2
der Genesis handeln vom Garten, den der Herr in Eden ge-
pflanzt hat, voller Bäume, »verlockend anzusehen und gut zu
essen«. Im innersten Teil des irdischen Paradieses befand sich
der »Baum des Lebens«, und gleich daneben der »Baum der Erkenntnis des Guten und des Bösen« (Gen. 2, 16–17). Gott »setz-
te« den Menschen in den Garten , »daß er ihn bebaute und be-
wahrte« und sprach nur vom Baum der Erkenntnis des Guten
und Bösen mit ihm, den Baum des Lebens erwähnte er nicht:
»Du darfst essen von allen Bäumen im Garten, aber von dem
Baum der Erkenntnis des Guten und Bösen sollst du nicht essen; denn an dem Tage, da du von ihm issest, mußt du des Todes
sterben.« (Gen. 3, 16–17). Es folgt die Erschaffung des Weibes,
das von Adam sicher sofort vom Verbot in Kenntnis gesetzt wurde, und die Versuchung durch die Schlange, die Eva dazu überredet, von der verbotenen Frucht zu essen, *ohne zu lügen*, zumindest ohne ein unwahres Wort zu äußern. Auf die Ängste der
Frau, der Übertretung des Verbotes könnte der Tod folgen, antwortet Satan: »«Ihr werdet keineswegs des Todes sterben, sondern Gott weiß: an dem Tage, da ihr davon esset, werden eure
Augen aufgetan, und ihr werdet sein wie Gott und wissen, was
gut und böse ist.« (Gen. 3, 4–6). Es stimmt schon, Adam und
Eva sterben nicht sofort wie Schneewittchen beim ersten Biß in
den vergifteten Apfel. Ihr Leib wird jedoch die Erfahrung des Todes und des Verderbens machen, die ihnen vor dem Sündenfall
erspart geblieben war. Richtig ist auch, daß Adam und Eva nun
wissen, was gut und böse ist, was ihnen aber nicht dazu verhilft,
wie Gott zu sein, sondern ihnen die Augen vor der Möglichkeit
des Bösen öffnet: Sofort empfinden sie Scham über ihre Nackt-
heit. Sie greifen zu albernen Lügen (»Ich hörte dich im Garten

und fürchtete mich, denn ich bin nackt, darum versteckte ich mich«, Gen. 3, 10); sie beschuldigen sich gegenseitig (»Das Weib, das du mir zugesellt hast, gab mir von dem Baum und ich aß«; »Die Schlange betrog mich«; Gen. 3, 12–13).

Gott selbst scheint die Worte der Schlange zu bestätigen: »Siehe, der Mensch ist geworden wie unsereiner und weiß, was gut und böse ist. Nun aber, daß er nur nicht ausstrecke seine Hand und breche auch von dem Baum des Lebens und esse und lebe ewiglich!« (Gen. 3, 22). Dieser Gott, der die Sanftmut besitzt, Adam und Eva »Röcke von Fellen« zu schneidern, achtet eifersüchtig auf seine Macht, er scheint zu fürchten, daß sie ihm geraubt werde. Deshalb die Vertreibung aus dem Paradies, deshalb auch sein ganz ähnliches Verhalten beim Turmbau zu Babel. Als Gott bemerkte, daß die Menschen »einen Turm bauen, dessen Spitze bis an den Himmel reiche«, »fuhr der HERR nieder, daß er sähe« und sagte: »Siehe, es ist einerlei Volk und einerlei Sprache unter ihnen allen, und dies ist der Anfang ihres Tuns; nun wird ihnen nichts mehr verwehrt werden können von allem, was sie sich vorgenommen haben zu tun. Wohlauf, laßt uns herniederfahren und dort ihre Sprache verwirren, daß keiner des anderen Sprache verstehe.« (Gen. 11, 4–7). Dieser Gott erinnert an Zeus, wie ihn Aristophanes in Platons *Symposion* erzählt; er teilt die Menschen entzwei, um ihre Macht zu brechen und der Erstürmung des Olymp zuvorzukommen, wobei er nicht lügt, sondern mit seinen Absichten gegenüber seinen Geschöpfen zurückhält, in fast naiver Angst, eingeholt zu werden. Das läßt sich vom Anti-Gott nicht sagen, der Schlange, die ohne zu lügen den Betrug vollzieht, der zum Sündenfall führt und zu den folgenschweren Konsequenzen für die gesamte Menschheit: Ihr werdet nicht sterben (jedenfalls nicht gleich), ihr werdet das Gute und Böse erfahren wie Gott (jedoch nur in dem Sinn, daß ihr als die Einfaltspinsel, die ihr seid, das Böse tut, denn Gott seid ihr nicht).

Die verbotene Lüge

Armer Hampelmann

Wenn Jago spiegelbildlich den Vater der Lüge repräsentiert, dann ist eine andere Figur zum allgemeinen Symbol jener Art von Lügen geworden, die man nicht sagen darf, den verbotenen Lügen. Die Rede ist von Pinocchio, dem hölzernen Bengelchen, das nicht gehorchen und nicht wachsen wollte und dem sich bei jeder Lüge die Nase in die Länge zog. Bei erneuter Lektüre des Buches von Collodi (1883) springen einem verschiedene Unstimmigkeiten ins Auge: Pinocchio ist das Negativbeispiel für alle Kinder, die lernen müssen, ehrlich zu sein, und »Pinocchio-syndrom« heißt die »Krankheit«, die Erwachsene dazu bringt, sich so in Lügen zu verstricken, daß die Ehrlichkeit in ihrem Leben keinen Platz mehr hat (Novellino, 1996). Dabei lügt Pinocchio nur ganz selten. Er belügt den Kater und den Fuchs, weil er ihnen die Goldstücke verheimlichen will; die Fee, ebenfalls wegen der vier Goldstücke; den Alten, der ihn nach einem Knaben namens Pinocchio fragt, nachdem er herausbekommen hat, daß dieser einen Schulkameraden geschlagen hat. Die Nase wird nur in den letzten beiden Fällen lang, offensichtlich galt die erste Lüge als unvermeidlich oder zumindest statthaft, während die zweite völlig unsinnig war (warum sollte man die gute Fee anlügen?) und die dritte nur durch den Wunsch gerechtfertigt war, auf den unbekannten alten Mann Eindruck zu machen.

Pinocchio ist also kein »eingefleischter« Lügner, auch wenn er der Fee beichtet, daß er immer lügt. Er ist eher ein Junge, der keinen Lausbubenstreich ausläßt: er ist ungehorsam, er lernt nicht, er pflegt schlechten Umgang und tischt die eine oder andere Lüge auf. Für all diese Ungezogenheiten muß er zahlen: vom Feuerfresser wird er fast verbrannt, vom Fischer fast gefressen, vom Kater und vom Fuchs fast erhängt, er ertrinkt beinahe, er verhungert und erfriert fast und so weiter, während die Lügen mit dem peinlichen Wachsen seiner Nase bestraft werden und die Flucht ins Spielzeugland mit seiner Verwandlung in ein Eselchen. Wo Manganelli (1977) uns eine meisterliche Neuinterpretation der Pinocchio-Geschichte beschert hat, in der ein jeder sich nicht nur im Hampelmann, sondern auch im Feuerfresser, in Geppetto oder im Säufer Meister Kirsche wiedererkennen kann, da scheint ihr Placido (in *Tre divertimenti*, 1990) kaum gerecht zu werden, wenn er die Figur Collodis mit Peter Pan gleichsetzt, oder besser, mit einem Menschen, der, wie Dan Kiley schreibt, unter einem »Peter-Pan-Komplex« leidet, einem Erwachsenen also, der nicht wachsen, sondern ein Kind bleiben will, sei es in seinem Verhältnis zur Welt, in der er lebt, als auch im Verhältnis zu sich selbst. Pinocchio ist eher ein Junge, dem es nicht gelingt zu wachsen, obwohl er es sich ständig vornimmt, weil es ihm einfach nicht gelingt, aus Erfahrung klug zu werden und weil er die Mühe und die Arbeit scheut, die von Anfang an zum Leben des Menschen dazu gehören (des Menschen, nicht des Hampelmanns!).

Pinocchio bringt die sprechende Grille um, schwänzt die Schule, um sich das Marionettentheater anzusehen, läßt sich von allen zur Pflichtvergessenheit, zu leichtem Gewinn und müßigem Leben überreden, aber dann tut es ihm leid, er bittet um Verzeihung, will noch mal von vorn anfangen und findet schließlich das bekannte glückliche Ende, an dem aus einem Hampelmann ein Musterknabe wird. Und was ist mit der Lüge in dieser Art *Bildungsroman* für Kinder, der so reich ist an Grausamkeiten und mehrdeutigen Figuren? Die Lüge ist das Kennzeichen des Stereotyps aller Stereotypen: unter all den Symbolen des Guten und des Bösen, die miteinander im Kampf liegen, haben die Leser nicht etwa die Mühe bevorzugt, aus einem Holzscheit einen Kinderkörper zu formen, sondern die Symbolik der Nase, die bei den kleinen, fast unschuldigen Lügen Pinocchios immer länger wird. Daß er das Vertrauen Geppettos verspielt, daß er Geppetto in die Welt ziehen läßt auf der Suche nach ihm, bis sie sich glücklich im Bauch des biblischen Walfischs wiedersehen, das wiegt als Schuld des Hampelmanns viel schwerer. Das ist es aber nicht, was die Mamas und Papas erschreckt, sie neigen eher zu solchen Ermahnungen: »Du sollst nicht lügen, sonst bekommst du eine lange Nase wie Pinocchio.« Und tatsächlich – die Fee erklärt es am Ende des siebzehnten Kapitels von Collodis Buch –, »die Lügen erkennt man sofort; es gibt nämlich zweierlei Lügen: die einen haben kurze Beine und die anderen eine lange Nase«.

Die Lüge: soziale Gewalt und Beleidigung Gottes

Lügen werden also im Grunde schnell entdeckt: entweder haben sie kurze Beine und kommen deshalb nicht weit oder sie verraten sich sofort durch die lange Nase. Man soll nicht lügen, um die Schande zu vermeiden, als Lügner bloßgestellt zu werden. Diese Erziehungsauflage ist so korrekt, daß schon mehr als ein Kritiker bemerkt hat, den Kindern werde das Lügen durch eine Drohung verboten, die selbst eine Lüge ist. Oder hat schon jemals einer eine Nase wachsen sehen aus einem anderen Grund als wegen eines Schnupfens? Die Zeichen der Verlegenheit, die einen Lügner bloßstellen, sehen anders aus, vor allem aber haben andere Gründe dazu geführt, daß die Lüge im Laufe der Geschichte verboten wurde.

Die Griechen nahmen gegenüber der Lüge eine ziemlich nachgiebige Haltung ein. Beispiele dazu wird man im Kapitel über das Lob der Lüge finden, ein Lied, das sogar Platon anstimmt, wenn er die Kunst des Lügens für die Fähigkeit des klugen Mannes hält, dem es freisteht, die Wahrheit oder die Unwahrheit zu sagen, weil er sie kennt. Der Odyssee zufolge darf Odysseus lügen, weil er wissend ist, und das gilt auch für Achill. Daher rührt auch das Sokratische Paradoxon von der Überlegenheit des bewußten Lügners über den ehrlichen Ignoranten. Einen weniger spielerischen Umgang findet man bei den Autoren, die sich auf die Heilige Schrift beziehen, wo die Juden schon in Exodus 20, 16 lesen konnten: »Du sollst nicht falsch Zeugnis reden wider deinen Nächsten.« und ebenso im 5. Buch Moses (Deuteronomion) 5, 20. Das achte Gebot der zehn Gebote, wörtlich »die zehn Worte«, hatte eine starke Verbindlichkeit für das jüdische Volk, denn es war wie die anderen während der Theophanie ausgesprochen worden (»Er hat von Angesicht zu Angesicht mit euch aus dem Feuer auf dem Berg geredet«, 5. Buch Moses, 5, 4), als Siegel auf den Bund zwischen Gott und seinem Volk. Die zehn Gebote wurden von den Kirchenvätern als Abriß des »Naturgesetzes« rezipiert, das den Menschen wieder ins Gedächtnis gerufen werden mußte, wie bereits Iräneus von Lyon im 2. Jahrhundert unserer Zeit in einem Werk, das als die erste systematische Ausarbeitung der christlichen Theologie gelten kann, behauptete: »Von Anfang an hatte Gott die Gebote des Naturgesetzes in die Herzen der Menschen gesenkt. Dann beschränkte er sich darauf, sie ihnen wieder ins Bewußtsein zu rufen. Das waren die zehn Gebote« (*Entlarvung und Widerlegung der falschen Gnosis*, das Werk ist mit dem Titel *Gegen die Häretiker* überliefert).

Es dürfte inzwischen aufgefallen sein, daß auch das Gebot nicht dazu zwingt, »die Wahrheit zu sagen«, sondern »kein falsch Zeugnis« abzulegen zum Schaden anderer. Verboten ist also, etwas anderes zu sagen als das, was man gehört oder gesehen hat, und es anderen zu sagen gegen andere. Die Lüge ist ein gesellschaftlicher Akt. Gott verlangt nicht, daß man die Wahrheit weiß (wie es von den Anhängern Platons verlangt wurde oder was für die Stoiker unvermeidlich war), sondern daß man diese Gewalttat der Täuschung nicht ausführt, und zwar wieder einmal unabhängig von der Übereinstimmung zwischen dem, was man glaubt gesehen, gehört oder jedenfalls erfahren zu haben, und der Wahrheit dieses Gesehenen, Gehörten und Erfahrenen. Exemplarisch dafür steht die Geschichte Susannas im Buch Daniel, Kapitel 13: Die zwei alten Richter, die in die ikonografische Tradition als die »Greise« Eingang gefunden haben, werden von der schönen Susanna zurückgewiesen und beschuldigen sie nun, den Ehemann mit einem Jüngling betrogen zu haben, während ihre einzige Schuld nur darin besteht, im Garten ihres Mannes spazierengegangen zu sein und ein Bad genommen zu haben, hinter verschlossenen Türen. Eine Ehebrecherin wurde gesteinigt, die arme Susanna nimmt jedoch lieber die Gefahren des Todes und der Entehrung in Kauf, als sich den beiden Alten hinzugeben. Am Ende des Prozesses, während die sichere Bestrafung bereits auf Susanna wartet, greift ein junger Mann namens Daniel ein, der, wie sich herausstellen wird, die Gabe der Prophetie besitzt und dem es gelingt, die beiden Greise der Falschaussage zu überführen, indem er sie voneinander trennt und in Widersprüche verwickelt. Die Ehre und das Leben von Susanna sind gerettet, die Alten werden getötet, nachdem Daniel zu jedem von ihnen gesagt hat: »Ganz recht! Mit deiner Lüge bringst du dich selbst um dein Leben. Der Engel des Herrn wartet schon mit seinem Schwert und wird dich mittendurch hauen, um euch beide zu vernichten.« Porphyrius wird in seinem Buch *Gegen die Christen* dieses Beispiel verwenden, um die Widersprüche eines Gottes aufzuzeigen, der auf der einen Seite die Falschaussage mit aller Härte bestraft und sie auf der anderen zu akzeptieren und sogar zu fördern scheint, wie wir noch sehen werden.

In der hebräischen und später christlichen Auslegung der Heiligen Schrift war die Täuschung in jedem Fall verboten, ob sie nun aus edlen oder niederen, aus wichtigen oder nichtigen Motiven geschah, aus Notwehr, des Geldes wegen, aus Haß, aus Konkurrenzgründen, der Geschäfte wegen, aus Mitleid, aus Eitelkeit oder sogar aus Liebe (s. Castelfranchi/Poggi, 1998, S. 95 f die Klassifikation der Motive, die zur Täuschung verleiten): der »wahrhaftige« Gott, dessen Wort Wahrheit ist, dessen Gesetz Wahrheit ist, dessen »Mund Wahrheit redet« läßt die vorsätzliche Täuschung nicht zu (Spr. 8, 7; 2. Sam. 7, 28; Röm. 3, 4). Das Neue Testament bestätigt die Aussagen des Alten: vor Pontius Pilatus, der den Skeptikern aller Epochen so sympathisch ist, erklärt Jesus Christus, er sei »in die Welt gekommen, daß ich für die Wahrheit zeugen soll« (Joh. 18, 37), und dies, nachdem er von seinen Jünger verlangt hat: »Eure Rede aber sei: Ja, ja; nein, nein. Was darüber ist, das ist vom Übel.« (Matth. 5, 37). Dagegen steht der »Vater der Lüge« (»wenn er die Lüge redet, so redet er von seinem Eignen«, Joh. 8, 44), der das Glück der Menschen mit dem ersten Betrug zerstört und die erste Frau zu Fall gebracht hat: Gott würde nur eifersüchtig seine Macht hüten, denn wenn es Adam und Eva gelänge, die Früchte vom Baum der Erkenntnis des Guten und Bösen zu essen, dann würden sie *sicut dei,* wie die Götter.

Ehrlich in Wort und Tat

Der Christ muß also »die Lüge ablegen« und auch »alle Bosheit und allen Betrug und Heuchelei und Neid und alle üble Nachrede« (Eph. 4, 25; 1. Petr. 2, 1). Auch die Gegner der Christen greifen die Botschaft auf: Celsus, 2. Jahrhundert, sagt, »Betrug aber und Lüge ist … böse« (*Wahres Wort,* IV, 18). Da es jedoch unmöglich ist, daß Gott sein Wesen ändert und zu Fleisch und menschlicher Natur wird, so argumentiert der platonische Philosoph, könnte die Inkarnation die Frucht einer Täuschung sein, ein Eindruck, den die Gottheit im menschlichen Geist erzeugt hat, eine Vorstellung jedoch, die undenkbar ist, denn die Täuschung ist ein Übel, das mit Gott nicht vereinbar ist. Hinzu kommt, daß Celsus seinem Lehrmeister Platon folgt und die Lüge dann für legitim hält, wenn man es mit Verrückten, Rasenden oder Feinden zu tun hat, aber nur, wenn dadurch eine Gefahr abgewehrt werden kann. Eine Ausnahme, die von den Kirchenvätern, besonders von Augustinus, nicht zugestanden wird, wie im vorigen Kapitel gezeigt wurde.

Der Christ muß immer und überall von der Wahrheit zeugen, wie Jesus Christus vor Pontius Pilatus: nicht allein mit Worten, sondern mit seinem Handeln und seinem ganzen Leben. Daraus ergibt sich für ihn die Pflicht, sich als Christ nicht zu verleugnen und sogar das Leben hinzugeben, wenn jeder andere Weg versperrt ist. Dieses erste Argument in Augustinus' *De mendacio,* wo es um die Beantwortung der Frage geht, ob es legitim sei, sich als Häretiker auszugeben, um die Sektenanhänger und Angehörigen einer der zahlreichen häretischen Bewegungen, der Priscillianisten, zu bekehren, wirkt nahezu lächerlich, besitzt jedoch immer noch tragische Aktualität, wie die Intoleranz gegenüber den Gläubigen der verschiedenen Religionen in vielen Ländern unserer Welt zeigt. Das zweite Argument eröffnet die Debatte darüber, wie uneingeschränkt die Pflicht zum Martyrium zu verstehen sei; die Kirchenväter lockerten diese Pflicht durch ihren Rat, sich nicht auf die Suche nach dem Tod zu machen, und durch die Möglichkeit, auch dann wieder zur christlichen Gemeinde zugelassen zu werden, wenn man bereits einmal abgeschworen hatte (eine Möglichkeit, die von den Rigoristen verweigert wurde, zum Beispiel von den Anhänger des Donatus, die im 4. Jh. die Sakramente für ungültig erklärten, wenn sie von Priestern erteilt worden waren, die während der Verfolgung *lapsi*, das heißt »abtrünnig« geworden waren und dann bereuten).

Vor allem aber kann die Wahrheit mit Worten »beleidigt« werden, wobei das Verb »beleidigen«, das von den Urchristen bis zu den letzten Katechismen verwendet wird, nahelegt, Gegenstand der Beleidigung sei neben der »Tugend« der Wahrheit auch die »Person« der Wahrheit, d. h. das Verbum, die dritte Person der Dreifaltigkeit, die von sich selbst gesagt hat, sie sei die Wahrheit (»Ich bin der Weg und die Wahrheit und das Leben«, Joh. 14, 6) und »von mir selbst bin ich nicht gekommen, sondern es ist ein Wahrhaftiger, der mich gesandt hat, welchen ihr nicht kennt« (Joh. 7, 28). In Christus hat sich die Wahrheit Gottes vollständig offenbart: »Voller Gnade und Wahrheit« (Joh. 1, 14) ist Christus das »Licht der Welt« (Joh. 8, 12), wer an ihn glaubt, bleibt nicht »in der Finsternis« (Joh. 12, 46). Die Jünger Christi müssen treu zu seinem Wort stehen, damit sie die Wahrheit erkennen, die frei macht (Joh. 8, 32) und heiligt (Joh. 17, 17). Christus folgen heißt im »Geist der Wahrheit« (Joh. 14, 17) leben, den der Vater in seinem Namen schickt und der »in alle Wahrheit leiten« wird (Joh. 16, 13): ihm zu folgen heißt sich nicht zu schämen »des Zeugnisses von unserem Herrn« (2 Tim. 1, 8) in Taten und in Worten, bereit zu sein zum höchsten Zeugnis des Martyriums und nichts zu sagen, was die Wahrheit »beleidigen« könnte. Dazu gehört nicht allein die Lüge; die Sünden, die man mit Worten begehen kann, sind herkömmlicherweise sehr zahlreich: das falsche Zeugnis, der Meineid, aber auch das mutwillige Urteil, die üble Nachrede und die Verleumdung; dann die Verstellung und die Schmeichelei, die Ruhmsucht und die Prahlerei und schließlich der Bruch eines Geheimnisses. Das Geheimnis ist kein Sonderfall der Lüge, das heißt, es ist kein Verbergen der Wahrheit, denn bereits im Alten Testament (Sir. 27, 16 und Spr. 25, 9–10) heißt es, man solle keinem ein Geheimnis verraten, der kein Recht hat, es zu erfahren. Hier tun sich unendliche und ungelöste Probleme auf: es fällt natürlich nicht schwer, das »Sakramentsgeheimnis« zu verstehen und zu akzeptieren, das dem Beichtvater auferlegt, eher zu sterben als die ihm in der Beichte anvertrauten Sünden preiszugeben. Wir alle erinnern uns an einen großartigen Montgomery Clift in Hitchcocks Film *Ich beichte*, der eher in Kauf nimmt, als Mörder beschuldigt zu werden, als daß er den Namen des wirklichen Schuldigen, der sich in der Verschwiegenheit des Beichtstuhls an ihn gewandt hat, preisgibt. Komplizierter ist bereits die Ausdehnung des »Berufsgeheimnisses« auf andere Berufsgruppen, was im Bezug auf Journalisten eine hitzige Diskussion ausgelöst hat (dazu mehr im vierten Kapitel), aber auch ungelöste Fragen bei Ärzten, Juristen und Politikern aufwirft. Und wie soll man sich schließlich gegen einen Menschen schützen, der vorgibt eine Wahrheit zu kennen, zu der er gar nicht berechtigt ist? Die einen behaupten das absolute Recht eines jeden Menschen auf die Wahrheit (Grotius und Kant), die anderen dagegen berufen sich auf die Notwehr, um aus der Lüge eine legitime Waffe gegen einen Aggressor zu schmieden (Schopenhauer und einige Neoscholastiker). Um auf das Mittelalter zurückzukommen, so beschränken wir uns darauf zu bemerken, daß die Lüge nicht die einzige »Beleidigung« des göttlichen Wortes ist.

Wie bereits Casagrande/Vecchio in *I peccati della lingua* (1987, S. 251 ff) beobachtet haben, bilden die Lüge, der Meineid und das falsche Zeugnis (*mendacium, periurium, falsum testimonium*) eine untrennbare Triade, die geschichtlich in der Heiligen Schrift ihren Anfang hat und über die Kirchenväter bis zum Ende des Mittelalters reicht. Die Sünden der Unwahrheit stehen sowohl bei Cassianus (360–435) als auch bei Gregorius Magnus (540–604) im Zusammenhang mit der Todsünde des Geizes und Thomas von Aquin greift in seinem Traktat *De malo* (1269–1270) die sieben Töchter des Geizes wieder auf, die bereits Gregorius in *Moralia in Iob libri* aufgelistet hat: diese sind »Verrat, Betrug, Täuschung, Meineid, Unrast, Gewalt, Verhärtung des Herzens gegen das Mitleid« (q. 13, a 3). Sie rühren aus dem übermäßigen Verlangen, die eigenen Güter für sich zu behalten und sich fremde Güter anzueignen. Im letzteren Fall wird gelegentlich Gewalt gebraucht, manchmal auch nur List, dann liegt eine Täuschung, Meineid oder Betrug vor: »Wenn die Täuschung durch Taten geschieht, dann liegt, wo es um Dinge geht, Betrug vor und, wo es um Personen geht, Verrat, wie man schon bei Judas gesehen hat, der aus Geiz zum Verräter an Christus wurde.« Hat Judas wirklich des Geldes wegen verraten? Das zu wissen, ist uns nicht gegeben, aber das Beispiel tat sicher seine Wirkung, denn es gab wohl keinen mittelalterlichen Christen, der in Judas nicht die Inkarnation des »Vaters der Lüge« erkannt hätte.

Uferlos ist die mittelalterliche Literatur zur Lüge, aber nur selten löst sie sich von der bereits behandelten Thematik des Augustinus, beispielsweise von der Frage nach dem theologischen Stellenwert der Wahrheit, die nicht als wahre Erkenntnis verstanden wird, sondern als »Name« Gottes. Rodolfo Ardente, Petrus Lombardus, Alexander Halensis und Ioannes de la Rochelles unterscheiden sich von den Vätern nur durch einen anderen Standpunkt gegenüber den Mitteln der Lüge. Ambrosius hatte nämlich die *simulatio*, die durch Werke erzielte Täuschung, vom *mendacium* unterschieden, von der durch Worte bewirkten Lüge, und hatte einige »Simulationen« (Verstellungen) als legitim bezeichnet. Die beiden zuletzt genannten Autoren sind da anderer Ansicht und auch Augustinus und Thomas von Aquin teilen sie nicht, wie wir im letzten Kapitel gesehen haben, denn sie definieren die Verstellung als »Lüge, die im Zeichen äußeren Verhaltens besteht« (*Summa theologica*, II, II ae, q. III, a 1).

Nicht alle Lügen wiegen schwer

Auch andere mittelalterliche Lösungsansätze zum umstrittenen Problem der Lüge weichen von Augustinus' Position nicht ab: die Lüge ist immer unzulässig (Petrus Lombardus, Graziano, Enrico di Susa); die Lügen in den Bibelgeschichten werden als negative Verhaltensbeispiele angeführt, sie finden also schon in der biblischen Erzählung selbst ihre Bestrafung oder sie müssen als »Figuren« für anderes gelesen werden. Es sind real vorgefallene Tatsachen, der biblische Autor ist also kein Lügner, aber sie sind nicht als moralische Beispiele zu interpretieren, sondern als Allegorien (s. vor allem die *Moralia* von Gregorius, XVIII, 3, 7). Zu den schwierigsten Fällen gehört der Betrug Jakobs (der sich mit Hilfe der Mutter als seinen größeren Bruder Esau ausgibt und so vom Vater Isaak die Segnung empfängt); die Lüge der ägyptischen Hebammen (die behaupteten, sie seien bei keiner Geburt eines jüdischen Knaben dabeigewesen; dafür werden sie von Gott gesegnet und belohnt); die Lüge Saras (eine inzwischen alte Frau, die vor den drei Engeln, Symbol der Dreifaltigkeit, bestreitet, gelacht zu haben, als sie von ihrer zukünftigen Schwangerschaft erfahren hat) usw., von Joseph, der in Ägypten den Brüdern seine Identität verheimlicht, bis zu Petrus, der sich bei den judaisierenden Christen als gläubiger Jude und bei den konvertierten Heiden als vom altem Gesetz freier Christ aufführt und deshalb von Paulus getadelt wird.

Hinsichtlich der Schwere der Lüge behält die Klassifizierung des Augustinus ihre Gültigkeit, die Dreiteilung des Petrus Lombardus (Scherzlüge, Zwecklüge oder Lüge um des Guten willen, Lüge aus purer Bosheit) ist eine Vereinfachung. Die »Beichtspiegel«, also die Handbücher mit einer Liste aller möglichen Sünden geordnet nach ihrer Schwere, die den weniger gebildeten Beichtvätern an die Hand gegeben wurden, enthalten interessanterweise neben den acht Arten der Lüge des Augustinus Hinweise auf Gruppen, die repräsentativ für diese Arten stehen, als da sind Häretiker, Neider, Händler, reine Lügner, Gaukler und Schmeichler, Freunde. Der Dreiteilung ist ein Schema beigegeben, das die Lüge durch Angabe der Motive zu erkennen hilft: Eitelkeit, Falschheit, böse Absichten. Der gelehrte Streit drehte sich nicht so sehr um die offensichtliche mindere Schwere der »Scherzlüge« oder der Zwecklüge »um des Guten willen« gegenüber der Lüge »um des Bösen willen« (*mendacium perniciosum*), als vielmehr um die Fälle, in denen die ersten beiden zulässig waren. Die Strenge eines Bonaventura, der jede Lüge, die aus dem Streben nach Perfektion heraus geäußert wird, für eine Todsünde hält, wird bei Raimondo di Peñafort (*Summa de poenitentia*) moderater ausgelegt, wenn er den Perfekten drei Modalitäten empfiehlt, wie sie es auf eine direkte Frage hin verhindern können, explizit zu lügen: die erste ist das Schweigen, das jedoch bekannterweise oft wie eine Bestätigung dessen wirkt, wonach gefragt wird; die zweite ist eine Antwort der Art »Thema verfehlt«, so, als hätte man die Frage nicht verstanden; die dritte ist der Gebrauch mehrdeutiger Begriffe, wodurch die Antwort zwar als ehrlich ausgewiesen, aber eine Täuschung bezweckt ist. Es geht um etwas Ähnliches wie die »Mentalreservation«, jedoch ausschließlich den »Perfekten« zu empfehlen, nur sind wir hier im 13. Jh.

Die Lüge wird weiterhin immer mit dem Meineid in Verbindung gebracht, eine sehr viel schwerere Sünde, denn dadurch werden nicht nur die Mitmenschen betrogen, sondern Gott beleidigt, da er zum Zeugen der Unwahrheit angerufen wird. Um keine Fehler zu begehen, wurde das Evangelium, das den Schwur verbietet (»Ihr habt weiter gehört, daß zu den Alten gesagt ist: ›Du sollst keinen falschen Eid tun und sollst Gott deinen Eid halten.‹ Ich aber sage euch, daß ihr überhaupt nicht schwören sollt, weder bei dem Himmel, denn er ist Gottes Thron; noch bei der Erde, denn sie ist seiner Füße Schemel; noch bei Jerusalem, denn sie ist des großen Königs Stadt. Auch sollst du nicht bei deinem Haupte schwören; denn du vermagst nicht ein einziges Haar weiß oder schwarz zu machen.« Matth. 5, 33–36), von den Benediktinermönchen wörtlich genommen, aber auch von den Waldensern, den Katharern, den Patarianern und den Nestorianern, den häretischen Bewegungen, die jede auf ihre Weise

einem Purismus anhingen und deshalb eine strenge und wört-
liche Auslegung der Schrift praktizierten.

Andererseits wurde der Meineid immer an konkreten Fällen
abgehandelt, um diese zumindest in theoretischer Hinsicht zu
lösen. Häufig ging es um Herren und Familienoberhäupter, die
ihre Knechte, Ehefrauen, Kinder und Diakone zum Eid zwan-
gen. Das Problem bestand darin zu klären, ob nur die Opfer
meineidig waren oder auch diejenigen, die ihnen den Eid ab-
preßten, um in ihrer Gewissensqual oder ihrer Angst vor der
Verdammnis die gewünschte Sicherheit zu finden. Wir hätten
da wahrscheinlich keine Zweifel, meineidig ist der Herr oder
das Familienoberhaupt, das dem Knecht oder dem eigenen
Kind die Willens- und Meinungsfreiheit raubt. Aber das Mittelalter kam nicht um den Tatbestand der Sünde herum, die auf
jeden Fall begangen worden war, gleichviel ob bewußt und in
Freiheit oder nicht; bestenfalls konnten dem Armen und Ab-
hängigen mildernde Umstände zugebilligt werden, die dem Reichen und Mächtigen absolut verwehrt waren. Dessen Lüge wurde ausdrücklich von der Heiligen Schrift verurteilt: »Drei Dinge
gibt es, denen ich von Herzen feind bin, und es mißfällt mir
sehr, daß es sie gibt: wenn ein Armer hoffärtig ist und ein Reicher gern lügt und ein alter Narr ein Ehebrecher ist.« (Sir. 25, 2).

Wenn den Reichen nicht verziehen werden kann, dann entgehen sie kaum der Anklage, Lügner zu sein, genauso wie die
Häretiker, die Händler und die Advokaten (Casagrande, Vecchio,
1987, S. 264–265, 282). Letztere lügen »von Berufs wegen«, wobei sie oft auch meineidig werden. Es darf also nicht verwun-
dern, daß einige Autoren den Meineid für eine schwere Ver-
fehlung halten, vergleichbar der Gotteslästerung, und für die
Ursache sozialer Ungerechtigkeiten. Auf denjenigen, der Gott
zum Zeugen der Unwahrheit anruft, warten einerseits ähnliche
irdische und jenseitige Strafen wie auf Gotteslästerer: Krankheiten, Entstellungen, plötzlicher Tod und ewige Verdammnis.
Andererseits sind die weltlichen Mächte aufgefordert, gegen die
Geisel des unrechtmäßigen Schwurs einzuschreiten. Nebukad-
nezar und der Heilige Ludwig, zwei große Könige und unerbitt-

liche Verfolger der Gotteslästerer und Falschschwörer werden von einem Autor wie Bromyard als Beispiele zur Nachahmung für die Herren zitiert, die im Namen der Gerechtigkeit die Pflicht haben, diese Geisel zu bekämpfen. Und tatsächlich hatte es sich König Ludwig IX. (1214–1270) wahrscheinlich zum Vorsatz gemacht, nie mehr zu schwören, während Phillip II. Augustus (1165–1223) einen Feldzug gegen das Schwören geführt haben soll.

Die Vielfalt der Absichten rettet die Lüge

Immer deutlicher schält sich bei den mittelalterlichen Autoren die soziale Wirkung jeder Form der Lüge heraus. Im Streit über den Wert der Taufe, wenn sie von einem Häretiker oder von einem unwürdigen Priester gespendet wurde, ging man zum Beispiel so weit, zwischen dem »intentionalen« und dem »konventionellen« Sinn zu unterscheiden. Albertus Magnus hielt deshalb (im Unterschied zu dem Rigoristen Bonaventura) die Äußerung der Taufformel für einen notwendigen und hinlänglichen Nachweis der Intention, die von dem Priester verlangt war, der die Taufe spendete. Wenn also ein Häretiker die Absicht gehabt hätte, die Eltern des Täuflings und diesen selbst zu täuschen, dann hätte die Intention der Anwesenden ausgereicht, einem Sakrament Gültigkeit zu verleihen, das der Häretiker für ungültig erachtete, denn bekanntlich liegt die einzige Gültigkeitsbedingung der Taufe darin, daß sie »nach der Intention« der katholischen Kirche erteilt wurde. Die »Intention«, die bei Augustinus noch die Klarheit einer *voluntas fallendi* besaß, verdoppelt, ja verdreifacht sich nach und nach: derjenige, der spricht, hat eine doppelte Intention: zum einen die Worte zu äußern, aus denen das Sakrament »besteht«, es zum anderen aber ungültig zu machen. Zur *intentio verbi* und zur *intentio enuntiandi* gesellt sich drittens noch die Intention der Gemeinde, welche die Worte nach dem Brauch und der Konvention versteht (Rosier, 1995). Allgemeiner gesagt und unabhängig vom Fall der Taufe: Die Verantwortung eines Sprechers verdoppelt sich, er trägt sie gegenüber seinem Gewissen (das sogenannte »Forum« des Gewissens) aber auch gegenüber seinen Zuhörern. Gott ist Richter im ersten wie im zweiten Fall, aber im ersten handelt es sich nur um eine Sünde, im zweiten zusätzlich um ein Verbrechen, denn es wird stillschweigend unterstellt, daß ein Sprecher nur das äußert, was er wirklich denkt. Thomas von Aquin kann also sagen, wenn einer ein Versprechen gibt oder erklärtermaßen etwas zu tun beabsichtigt, dann »ist es, als habe er sich selbst einen Befehl gegeben, dem zu gehorchen er gehalten ist« (*Summa theologica*, II, Iiae, q. 88, a.1; q. 90, a,1).

Es gibt wohl nur wenige Verletzungen der sogenannten »Konversationsmaximen«, die nicht bereits in den komplexen, schwerfälligen und mitunter langweiligen mittelalterlichen *Summae* diskutiert wurden: ein reicher Schatz für Juristen, Sprachphilosophen und Kommunikationswissenschaftler. Um zum Schluß zu kommen hinsichtlich der raffinierten Aufsplittung der Intentionalität, mit der die mittelalterlichen Menschen kommunizierten, ist ein Beispiel besonders aufschlußreich, der berühmte Betrug Isoldes. Nicht Wagners Heroine, sondern die verliebte Frau, die Béroul, Thomas d'Angleterre und Gottfried von Straßburg besingen. Sie ist mit Marke verehelicht, liebt aber Tristan und ist oft zur Lüge gezwungen, um diese erwiderte Liebe zu schützen. Am bekanntesten ist die Lüge, mit der sie vor versammeltem Hof erklärt, daß nie andere Männer ihren Leib kennengelernt haben als ihr Mann und der »Aussätzige«, der sie auf den Armen ans Gestade getragen hat. Dieser Aussätzige war natürlich Tristan, verkleidet als kranker Pilger, aber Isolde rettet sich dadurch und paradoxerweise rettet sie sich auch vor Gott: Ein »barmherziger Christus« sorgt dafür, daß Isolde die Prüfung, der sie nach dem barbarischen System der Gottesurteile unterzogen wird, unversehrt übersteht, daß sie sich nicht am glühenden Eisen verbrennt, das sie in die Hand nehmen muß. Mehr als die Theologie neigt die Dichtung dazu, Gott ein »höfisches Wesen« zu unterstellen, wozu die Hochachtung vor der List und der freien Liebe gehört; ein kluger Kopf hat in Gottfried von Straßburgs Text einen Anwendungsfall der These Abelards von der Subjektivität der Sünde hineinlesen wollen, derzufolge ihre Präsenz und ihre Schwere von der Intention abhängt und nicht von der Tat selbst (Fumagalli Beonio Brocchieri, 1987, S. 30f.), doch eine Abhängigkeit des poetischen Textes von dem Werk *Ethica oder erkenne dich selbst*, das einige Jahrzehnte davor erschien, liegt keineswegs so offen auf der Hand. Isoldes Intention besteht in erster Linie einmal darin zu betrügen; in zweiter Linie sind die uneigennützige Liebe und die Freiheit der Gefühle uns sehr vertraute Themen und die mittelalterlichen Menschen haben sie gelebt, besungen, gemalt oder gestickt (man denke nur an die *Dame à la Licorne* aus Paris), aber niemals rational gerechtfertigt.

Es ist jedoch interessant zu beobachten, wie sich in der Dichtung des 12. Jahrhunderts alle Schichten überlagern. Isolde lügt vor ihrem Gewissen; sie lügt vor Gott, der ihr verzeiht; sie lügt vor ihrem Ehemann; sie lügt vor dem ganzen Hof. Sie begeht Sünden und Verbrechen, aber Gott – mehr ein *deus ex machina* als der Gott ihrer zeitgenössischen Theologen – verwischt alle Spuren ihrer Missetat. Je mehr das Bewußtsein von der notwendigen Scheidung zwischen Gewissen und Gesellschaft, zwischen innerem und äußerem »Forum«, zwischen der Rolle Gottes oder seines Stellvertreters und der weltlichen Macht wächst, desto weniger können die Dinge so bleiben.

Weitere Feinde der Lüge

Strengstens verboten ist die Lüge auch bei einigen modernen Autoren. Hier ist vor allen der holländische Humanist Hugo Grotius (1583–1645) zu erwähnen, der als der Begründer des Naturrechts gilt. Grotius zufolge verletzt die Lüge immer und auf jeden Fall das Recht auf Erkenntnis, »das dauerhafte und existierende Recht dessen, an den die Worte und Zeichen gerichtet sind«. In seinem Werk *Prolegomena de iure belli ac pacis* (1621) ist von einer »gegenseitigen Verpflichtung auf die Wahrheit« die Rede, was mit dem Lügen unvereinbar ist, denn es steht im Konflikt mit dem Recht anderer und verletzt deshalb ein Gerechtigkeitsprinzip. Dazu kommt, daß laut Grotius die Sprache ihren Sinn verlieren würde, wenn das Lügen um sich greifen würde: »als würden die Sprecher wie durch ein stillschweigendes Abkommen eine Verpflichtung eingehen gegenüber denen, mit denen sie sprechen; ohne diese Verpflichtung hätte die Erfindung der Sprache gar keinen Zweck gehabt.« Derselben Ansicht war auch Montaigne und Swift und seine Houyhnhnms scheinen ebenfalls dieser Auffassung gewesen zu sein, die erst kürzlich von Maynard Smith (1982) und Solomon (1993) wieder aufgegriffen wurde. Wenn alle lügen würden oder wenn man sehr oft lügen würde, dann würde die Sprache ihren kommunikativen Zweck verfehlen. Dieser Schluß geht jedoch von der Voraussetzung aus, daß der Lügner *tatsächlich* die Unwahrheit behauptet, während der Ehrliche dem anderen die Wahrheit mitteilt. Es wurde bereits darauf hingewiesen, daß die Lüge auf der Täuschungsabsicht beruht, unabhängig von der Wahrhaftigkeit ihres Inhaltes. Um zu lügen, muß man die Konventionen beachten, die der Verständigung dienen, auch darauf wurde schon hingewiesen. Dostowjeskis lächerlicher Mensch kann nicht lügen und auch Humpty Dumpty kann nicht lügen, denn der Lügner »ist kein einsamer Mensch und kann es auch nicht sein – auch wenn er so tut, als ob: er ist ein Lügner, oder? –, eher ist er der auffällige und zwanghafte Prototyp des Gesellschaftsmenschen« (Garroni, 1994, S. 24). Der Lügner braucht deshalb ständig Bestätigung (wie der »ehrliche« Jago), und wenn er der Lüge bezichtigt wird, verteidigt er sich energisch, etwas, das der Ehrliche mit größerer Gelassenheit tun oder auch lassen kann.

Grotius und andere verwechseln also den impliziten Vertrag, die Worte und Sätze entsprechend einer gemeinsamen Grammatik und eines gemeinsamen Lexikons zu gebrauchen, mit der Konvention, die Wahrheit zu sagen und nicht zu betrügen. In Giacomones Reich lag das Problem in der Starrheit des Bezeichnungssystems und nicht in dem Umstand, einen Menschen »Pirat« zu nennen, der bisher ein »Gentleman« war. Wenn die Gemeinschaft sich über die neue Definition des Piraten einig ist, dann können sich die Sprecher ohne Probleme verständigen und Komplimente der folgenden Art austauschen: »Sie sind wirklich ein guter Pirat, ehrlich und höflich.« Aber in Rodaris »Land der Lügner« war es den Bewohner nicht gelungen, *alle* Konventionen auszutauschen, die sie gewohnt waren, und so genügte das Miauen eines »Hundes« (eine Katze), um das System des Piratenkönigs zu erschüttern.

Die Wirkung eines Übermaßes an Lügen auf die Sprache besteht also nicht in der Unsinnigkeit, die dabei herauskommen soll, als vielmehr in ihrer Wirkungslosigkeit (darin haben die Houyhnhnm recht), denn dieses Übermaß untergräbt das Vertrauen in die stillschweigend akzeptierte Konvention, daß der Sprecher das sagt, was er für wahr hält (unabhängig davon, ob es das ist). Die bekannte Kindergeschichte »Der Wolf! Der Wolf!« enthält genau diese Lehre. Wer zweimal lügt, dem glaubt man nicht, selbst dann, wenn er die Wahrheit spricht; jeder von uns könnte wohl sofort fünf Personen aufzählen, denen er seit Jahren nicht mehr glaubt, jedenfalls nicht mehr auf Anhieb, nachdem er ihre Lügen entdeckt und zu spüren bekommen hat.

Ein abgefeimter Lügner wird verstanden, wenn er spricht, aber geglaubt wird ihm nicht; die Sprache hat ihre Eigenschaft eingebüßt, Erkenntnisse zu liefern. Wenn er jedoch nicht als Lügner erkannt wird, dann verfehlt der Einsatz der Sprache ebenfalls ihren Zweck, er aber erreicht sein Ziel der Täuschung und vollzieht deshalb eine Aggression, indem er einem anderen bewußt Schaden zufügt und ihn des Wissens beraubt, an dem dieser andere ein Interesse oder auf das er ein Recht hat. In diesem Sinne ist die Behauptung von Hobbes (1588–1679) im *Leviathan* (1651) richtig: »Die Sprache macht den Menschen nicht besser, aber mächtiger«. Auch die Aussage Kants gehört in diesen Zusammenhang, daß nämlich die Lüge die Zerrüttung der gesamten Gesellschaft bedeutete, die Zerrüttung ihrer Fundamente. Der Philosoph aus Königsberg sagt, daß »Wahrhaftigkeit (…) formale Pflicht des Menschen gegen jeden« ist. Wenn ich also lüge, so »mache ich, so viel an mir ist, daß Aussagen (Deklarationen) überhaupt keinen Glauben finden, mithin auch alle Rechte, die auf Verträgen gegründet werden, wegfallen und ihre Kraft einbüßen; welches ein Unrecht ist, das der Menschheit überhaupt zugefügt wird.« (*Über ein vermeintliches Recht aus Menschenliebe zu lügen*, 1797).

Mit Kantischer Strenge

Kants Position ist alles andere als blind und dogmatisch im strengen Sinn, seine Abhandlungen zur Lüge gehen das Thema mit breit gefächerten Überlegungen und umfangreicher Kasuistik an, die Schlußfolgerung ist jedoch immer dieselbe: nie wird das Lügen erlaubt sein. Nicht einmal in den Fällen, die von den antiken Autoren zugestanden und von Grotius wieder aufgegriffen wurden, der eine Lüge »um des Guten willen« (*mendacium officiosum*) für akzeptabel oder ratsam hielt; die den Kindern, den Verrückten oder den Dummen erzählte Lüge, das heißt den Unzurechnungsfähigen; die Lüge, die mit der Absicht geäußert wird, einen Dritten zu täuschen, der eine private Unterhaltung belauscht (die Schwiegertochter gegenüber der Schwiegermutter), um ihn für sein Lauschen zu bestrafen; schließlich der Betrug an jemandem, der sich zum Komplizen des Betruges macht, das heißt, wer betrogen werden will. Letzterer Fall führt uns zum großen Thema der künstlerischen Verstellung (wir werden uns im fünften Kapitel damit beschäftigen), zur Tragik des Kranken, der von seiner Krankheit »nichts wissen will« und zum täglichen Genuß, den wir dabei empfinden, wenn die Freundin sich die Haare färbt und die Lippen rot schminkt. Grotius akzeptierte diese Arten der Lüge, Kant nicht. »Der Lügner hebt aber die Gemeinschaft auf..., weil sie die Menschen unfähig macht, aus dem Gespräch des anderen etwas Gutes zu ziehen.« Das bedeutet aber nicht (fährt Kant in seiner Vorlesung *Von den Pflichten gegen andere Menschen, und zwar von der Wahrhaftigkeit* fort), daß jeder sich dem anderen in absoluter Offenherzigkeit zeigen muß, unser Herz hat kein Fenster (worauf bereits Augustinus hingewiesen hat: der Mensch ist kein *inspector cordis*), deshalb ist die Verständigung so schwierig und

Zurückhaltung und Verschwiegenheit sind allemal Tugenden. Außerdem, »nicht jede Unwahrheit ist Lüge, sondern wenn man sich äußerlich deklariert, daß man dem anderen seinen Sinn wolle zu verstehen geben« (man lügt also nicht, wenn man ein Alpenlied am Strand von Rimini trällert oder die Rolle der Julia oder die von Macbeth spielt). Lügt man aber, dann begeht man etwas Unrechtmäßiges. Wenn der Mensch, den ich belüge, der Wahrheit unwürdig wäre (dessen, was ich für Wahrheit halte), so würde ich durch meine Lüge an ihm kein Unrecht tun, ich handelte aber gleichwohl »wider das Recht der Menschheit«. Würde man nur einen einzigen Fall von »Notlüge« zugeben, dann fiele der gesamte ethische Bau zusammen und Diebstahl, Betrug und Mord »aus Not« wären Tür und Tor geöffnet. Immanuel Kant ist sich sicher in diesem Punkt und so lautet sein Warnruf: »Die moralischen Regeln sind nicht sicher!«

Nicht einmal die Lüge, die niemandem schadet, ist deshalb erlaubt; wer lügt, ist »ein feiger Mensch« und »nichtswürdig«. Ist es möglich, daß der Befürworter einer Moralität der Innerlichkeit, des »guten Willens« als einziger Instanz, die sich das Attribut »gut« verdient, in seinen Aussagen so entschieden ist? Ja, denn über »das Innere der Moralität können wir nicht richten, indem die kein Mensch nicht richten kann, aber in Ansehung des Äußeren sind wir kompetente Richter«. Von außen können wir überprüfen, was uns wie die Wahrhaftigkeit eines Menschen erscheint. In seiner Antwort auf Benjamin Constant (*Von den politischen Gegenwirkungen*, 1797) klärt Kant mit wunderbarer Genauigkeit den Unterschied zwischen Wahrheit und Wahrhaftigkeit. Wenn Constant sagt, »die Wahrheit zu sagen ist also eine Pflicht; aber nur gegen denjenigen, welcher ein Recht auf die Wahrheit hat«, so stellt Kant klar, »daß der Ausdruck: ein Recht auf Wahrheit haben, ein Wort ohne Sinn ist«, denn der Mensch hat höchstens ein Recht auf Wahrhaftigkeit, das heißt auf subjektive Wahrheit im Bezug auf seine eigene Person. Objektiv ein Recht auf die Wahrheit zu haben, würde bedeuten, die Wahrheit oder Unwahrheit einer Aussage vom Willen eines Einzelnen abhängig zu machen und das ist gegen jede Logik. Die

Wahrhaftigkeit ist eine »formale Pflicht des Menschen gegen jeden, es mag ihm oder einem anderen daraus auch noch so großer Nachteil erwachsen«.

Die Wahrheit zu sagen, ist daher »unbedingte Pflicht« gegenüber der ganzen Menschheit und nicht nur gegenüber dem Einzelnen, der ein größeres oder geringeres Recht darauf hat, sie zu hören. Würde von dieser Pflicht nur die geringste Ausnahme gemacht, so risse dies die gesamte Ethik ins Verderben und Aufbau und Entwicklung der menschlichen Gemeinschaft wären nicht mehr möglich. Seine Argumentation ist stringent, wie auch ein anderes Werk Kants bestätigt; in *Vom Betruge und vom Schein* von 1777, einer Abhandlung über die Schönheit und die Zulässigkeit, sich von den schönen und billigen Illusionen der Dichtung täuschen zu lassen, bestätigt er die ethische – und nur ethische – Unnachgiebigkeit gegenüber der Lüge; sie ist schuldig eines Verbrechens gegen die Menschheit, denn sie untergräbt die Fundamente des gegenseitigen Vertrauens der Menschen. Da es sich darüber hinaus um eine formale Pflicht handelt, ist es gleichgültig, so würde Kant sagen, ob der Mensch, der mir gegenüber steht, von mir wissen will, ob sich in meiner Wohnung das Kind versteckt, das er vergewaltigen und töten will, – ich darf nicht lügen, um mit meinen Worten nicht die gesamte Menschheit zu verletzen und keinen Präzedenzfall zu schaffen, denn das würde darauf hinauslaufen, das Erlaubte vom Unerlaubten nicht mehr unterscheiden zu können.

Legitime Notwehr?

Constant hatte genau diese Frage aufgeworfen (der Mörder, der nach dem Opfer fragt; schon in *De mendacio* von Augustinus tauchte er in der Gestalt des potentiellen Vergewaltigers auf, unter Bezugnahme auf die biblische Geschichte der Engel, der Gäste Lots), aber erst Arthur Schopenhauer betrachtet die Lüge innerhalb der Problematik der Notwehr. Auch der Gebrauch eines Messers oder einer Pistole ist moralisch zu verdammen, in einer Notwehrsituation ist er jedoch legitim. Das gleiche könnte auch für die Lüge gelten, sie wäre dann eine Waffe der List statt roher Gewalt. »Räuber und unberechtigte Gewältiger jeder Art, die ich demnach durch List in eine Falle locken kann. Darum bindet ein gewaltsam abgerungenes Versprechen nicht« (wir erinnern an den Meineid, der die mittelalterlichen Autoren ins Grübeln gebracht hat). Die Lüge ist sogar »die Notwehr gegen unbefugte Neugier, deren Motiv meistens kein wohlwollendes ist«, liest man in der *Preisschrift über die Grundlage der Moral* von 1840. Die Misanthropie Schopenhauers, der nicht zögert, seinen Meister Kant des Moralismus zu bezichtigen, zeigt sich in diesem Mißtrauen gegenüber den Absichten der anderen ganz deutlich: es ist erlaubt, ja sogar geboten, die Ärzte zu belügen, die großherzige Lüge dessen, der die Schuld anderer auf sich nimmt, ist berechtigt, vor allem aber ist es richtig, sich gegen die aufdringliche Neugier all derer zu wehren, die ihre Nase in die persönlichen Angelegenheiten und Geschäfte anderer stecken, »weil ich auch hier den bösen Willen anderer als sehr leicht möglich annehmen und die Vorkehrungen dagegen zum voraus treffen muß«. Wenn ich nachts böse Hunde in meinem Garten loslasse, wenn ich meine Gartenmauer mit scharfen Spitzen verwehre, Fußangeln und Selbstschüsse aufstelle, um mein Haus zu verteidigen (alles Beispiele von Schopenhauer selbst), warum sollte ich dann nicht mit einer Lüge auf eine Frage reagieren dürfen, auf die es nicht genügt zu antworten, »Dies will ich geheimhalten«?

Auch ohne sein Misstrauen zu teilen, kann man dem Vorschlag Arthur Schopenhauers nicht gleichgültig gegenüberstehen: Wenn man es auch nicht verhindern kann, sich von der Reinheit der Kantischen Positionen angezogen zu fühlen, Positionen, die von Fichte wieder aufgegriffen wurden und die sich im *Lob der Ehrlichkeit* (1749) von Charles-Louis de Secondat, Baron von Montesquieu, oder in den Maximen zum menschlichen Doppelcharakter von François de La Rochefoucauld finden, so kann man doch kaum die Forderung nach Wahrhaftigkeit überall, zu jedem Preis und jedem Menschen gegenüber als Verhaltensvorschrift akzeptieren. Nicht uninteressant ist die Lösung, die einige Gelehrte der Moralphilosophie vorgeschlagen haben. Sie sind bei der Erweiterung des Schopenhauerschen Gedankens wieder auf den Begriff der legitimen Notwehr zurückgekommen, wie er bei Thomas von Aquin gefaßt wurde, und auf die Fassung des *mendacium* in der mittelalterlichen Tradition (Millán-Puelles, 1997). Wenn Augustinus sagt – wie wir gesehen haben –, daß eine Lüge dann vorliegt, wenn der »Wille zur Täuschung« da ist, und daß die Guten nie lügen, auch wenn es manchmal notwendig ist, die Wahrheit zu verbergen, so ist Thomas von Aquin nicht weniger vage, wenn er jede Lüge zwar als unrechtmäßig definiert, aber nicht genau angibt, worin das Wesen des *mendacium* besteht. Die Lüge scheint nicht nur durch den Willen zur Täuschung gegeben, sondern zudem durch den Willen zur Schädigung (*voluntas fallendi* und *voluntas nocendi*). Daher rührt die geringere Schwere oder sogar Zulässigkeit der Scherzlüge oder der Lüge »um des Guten willen«.

Im Innersten böse wäre folglich nicht die Lüge, die Behauptung dessen, was man nicht für wahr hält, sondern der Wille, mit Hilfe der Lüge Böses zu tun, der Betrug im eigentlichen Sinn. Ist damit der Fall der Nicht-Vorsätzlichkeit gegeben, den Thomas von Aquin für die Rechtfertigung des Mordes aus Notwehr heranzieht (*Summa theologica*, II, IIae, q. 64, a. 7)? Nein, so wenig wie für den Mord. Zur Rettung meines Lebens unternehme ich alles, um einen Angreifer außer Gefecht zu setzen, und halte mich nicht lange damit auf, ob ihn das nur halb oder ganz das Leben kostet. Wenn also ein Gewalttäter mich fragte, ob in meiner Besenkammer das Kind versteckt ist, hinter dem er her ist, so würde ich ihn belügen, in der Hoffnung, daß er darauf hereinfällt und davon absieht, meine Behauptung zu prüfen, denn ich weiß wohl, daß das von Augustinus empfohlene Schweigen oder »Dies will ich geheimhalten«, das schon Schopenhauer zur Verteidigung der Privatsphäre für untauglich hielt, den Gewalttäter nur dazu bringen würde, mich gewaltsam beiseite zu schieben und die Wohnung zu durchsuchen. Drewermann (1984, S. 428 f.) zitiert in diesem Zusammenhang den »Schluß vom Kleinsten auf das Größte« (*qalwachomer*) aus der

Gedankenwelt der Rabbiner, also eine Verallgemeinerung der einzelnen Erkenntnis, wünscht sich jedoch den »Schluß vom Größten auf das Kleinste«, denn »es scheint absurd, die Pistole zu billigen und die Lüge zurückzuweisen«, absurd, nur die körperliche Gewalt zu akzeptieren und nicht die scharfe Waffe der List in der Notwehr. Andere akzeptieren die Lüge als Waffe, denn es fehle ihr der »Wille zu schaden« als »ihr letzter Zweck«, die Täuschung verfolge einen anderen Zweck. Auf solche Worte hin hätte sich Kant schon voller Entrüstung abgewandt: habt ihr denn nicht verstanden, daß es genügt, eine böse Tat zu rechtfertigen (und die Lüge ist eine, denn die Menschheit verlangt nach Wahrheit, auch wenn sie dem einzelnen Übeltäter nicht zusteht), und die Möglichkeit, alle anderen bösen Taten zu verurteilen, ist verspielt? Augustinus und vor allem Bonaventura hätten aufgeschrieen und die göttliche Person der Wahrheit beleidigt gesehen, auch wenn sie privat dem Lügner vielleicht vergeben hätten. Wir nehmen zur Kenntnis, wie schwierig es ist, immer und überall gültige moralische Normen aufzustellen, appellieren an den gesunden Menschenverstand und bereiten uns nun, nach einem ganzen Kapitel voller Verbote, auf das Lob der Lüge in ihren verschiedenen Formen vor.

Lob der Lüge

Ein Volk von Lügnern

Irgendetwas mußten die Römer gegen die Griechen ja einwenden: ihnen, die militärisch unterlegen, aber intelligenter, gelehrter und raffinierter waren, konnten sie die Anerkennung nicht verweigern. Aber die Griechen waren Lügner. Cicero (59 v. Chr.) machte sich zum Wortführer dieser Einstellung: »Gleichwohl möchte ich über die Griechen insgesamt immerhin so viel sagen: ich gestehe ihnen Bildung zu, ich weiß ihre Kenntnisse auf vielen Gebieten zu würdigen, ich leugne nicht, daß ihre Rede anmutig, ihr Geist scharf und ihr Ausdrucksvermögen unerschöpflich ist, und schließlich, wenn sie sonst noch etwas für sich beanspruchen, dann sage ich nicht nein. Doch auf gewissenhafte Zeugenaussagen und auf Vertrauenswürdigkeit hat dieses Volk nie viel gegeben« (*Rede für Lucius Flaccus*, 4, 9). Harsche Worte, die später von Livius wieder aufgegriffen wurden, dann von Valerius Maximus, von Plinius und schließlich von Quintilian, der das griechische Volk beschuldigte, die Geschichtsschreibung mit der gleichen Phantasie betrieben zu haben wie das Verfassen von Gedichten.

Die Griechen selbst gestanden den Primat im Lügen innerhalb ihrer Welt den Bewohnern Kretas zu. Epimenides von Knossos bezeichnete sie bereits im 7. Jahrhundert v. Chr. als »Lügner, wilde Tiere, faule Bäuche«. Vielleicht weil sie Seeräuber und Söldner waren, vielleicht weil Odysseus, eine Art Ahnengestalt des Paradoxons des Lügners, log, als er mehrmals behauptete, in Kreta geboren zu sein (*Odyssee*, XIII, 256 f; XIV, 199; XIX, 172 f.). Tatsache ist jedoch, daß ab dem 2. Jahrhundert v. Chr. der Gebrauch des Verbes *kretizein* bezeugt ist, im Sinne von »kretisieren«, »sich nach Art der Kreter verhalten«, also lügen; und Petrus sagt im Brief an Titus, »die Kreter sind immer Lügner« (1, 12). Andererseits lügt selbst Platon, wenn er Kreta als Stadt bezeichnet, die weniger nüchtern ist als Sparta, weniger leidenschaftlich der Diskussion ergeben als Athen, aber mit starkem Hang zur Reflexion. Vielleicht war dies aus Ironie gesagt, vielleicht um nicht dem Lob zu widersprechen, das im gleichen Dialog über die kretischen Institutionen zu lesen ist, – klar ist jedoch, daß einem Griechen des 4. Jahrhunderts die stärkere Neigung zum Denken als zum Reden, wenn sie noch dazu der athenischen Leidenschaft zur Diskussion entgegengesetzt wird, wie eine Auskunft über die wenigen, aber unehrlichen Worte der Kreter erscheinen mußte.

Ein raffinierter Schachzug, lügen, um andere Lügner zu schimpfen, wohl würdig des Vertreters eines Volkes, das zu Recht für fähig befunden wurde, noch auf ihren Grabsteinen, auf Epitaphen und Inschriften zu lügen (Piccaluga, 1992 und Guarducci, 1974, III): gefälschte Maßangaben in Tempelanlagen; Glückwünsche für ein langes Leben an die Adresse von Verstorbenen; Tote, die Lebende beweinen, – das sind für immer auf Stein festgehaltene Beispiele für die Kultur eines Volkes, das einen Schutzgott der Diebe hatte und einen Göttervater verehrte, der, wenn man ihm glauben sollte, durch Kopfnicken zu verstehen gab, daß er Wort halten wollte. Dies die Worte von Zeus, gerichtet an Thetis, die ihm das Kinn krault, seine Knie umschlingt und nach Rache verlangt für den vorzeitigen Tod ihres Sohnes Achill: »›Ich will mich um die Erfüllung schon kümmern. Auf, ich will dir zunicken, dir den Zweifel zu nehmen; damit biete ich stärkste Gewähr im Kreise der Götter. Ein Versprechen von mir ist unwiderruflich, untrüglich, völlig sicher, bestätige ich es durch Nicken des Kopfes.‹ Derart sprach er und neigte das Haupt mit finsteren Brauen. Vorwärts wallten des Herrschers ambrosische Haare, hernieder von dem unsterblichen Haupt. Er ließ den Olymp erzittern.« (*Ilias*, I, 523–530). Die Augenbrauen von Robert De Niro, dem großen Al Capone in *Die Unberührbaren*, sind in ihrer Wirkung nicht anders. Es gibt Gesellschaften, in denen nicht Worte die Geschichte machen, sondern Gesten; und es sind nicht Worte, die für die Wahrheit einstehen, sondern andere Arten von Zeichen: Odysseus wird an einer Narbe erkannt, an einem Bogen, an einem Bett, hineingeschnitten in einen Olivenbaum, um den herum er sein Haus gebaut hatte. Gewiß nicht an seinen Worten, die fast immer und oft auf übertriebene Weise verlogen sind.

Wörter zum Spielen

Die griechische Gesellschaft gebraucht Worte, aber es ist ein spielerischer Gebrauch, die Zeichen, die wirklich zählen, sind andere: die Größe der Sophisten begeistert uns noch heute, trotz des Scherbengerichts, durch die seriösen und berühmten Philosophen; Sokrates hatte zweifellos ein großes Talent zum Fabulieren, in dem sich Lüge und Ironie immer die Waage hielten; großes Theater kommt aus Griechenland, in der Tragödie wie in der Komödie; vor allem aber maßen sich die Götter des Olymp keinerlei Recht auf Wahrheit an, sie beanspruchen nicht einmal, echte Götter zu sein (wie ließe sich sonst dieser ständige Männer- und Frauenhandel zu puren Eroberungs- und sexuellen Genußzwecken erklären?).

Wo die Lüge von Homer in der *Ilias* zumindest in theoretischer Hinsicht kritisiert wird, präsentiert uns die *Odyssee* einen Lügner als Helden, der für sein Geschick im Lügen ausgerechnet von Athene gelobt wird, der Göttin der Weisheit, die dem Kopf von Zeus entsprungen ist. Im letzten Kapitel wurde schon auf Platons Meinung zu dieser Thematik hingewiesen: Sokrates hält einen Lügner, der weiß, daß er lügt, für klüger als einen ehrlichen Menschen, der dies nicht weiß oder der die Möglichkeit gar nicht kennt, etwas anderes zu sagen als das, was er für wahr hält, oder der dazu nicht in der Lage ist. Gegenstand dieser mit Ironie und Paradoxie geführten Diskussion ist der Dialog zwischen Achill und Odysseus im neunten Buch der *Ilias*: Odysseus versucht einen verärgerten Achill dazu zu überreden, wieder an der Schlacht teilzunehmen und verspricht ihm als Gegenleistung neben anderen Geschenken die Rückgabe des schönen

Mädchens Briseïs, eine Beute Agamemnons. Dem Odysseus antwortet der Sohn der Thetis, wobei er ihn mit »kluger Odysseus« anspricht (wörtlich: »der viel Schlauheit besitzt«): „Der ist zutiefst mir verhaßt, genau wie die Tore des Hades, der das eine verheimlicht und etwas anderes ausspricht.« (312–313).

Die Lüge ist ihm verhaßt, Odysseus und Agamemnon sind nicht zu trauen, außerdem ist Achill zu gereizt, er wird nicht mehr kämpfen; morgen will er abfahren, zurück nach Hause; nein, vielleicht besser doch den Ausgang der Schlacht abwarten, kämpfen wird er jedoch nur, um sein Schiff zu verteidigen, nachdem er gesehen hat, wie die Trojaner das Lager der Griechen verwüsten. Schließlich ein Zeichen mit der Augenbraue (schon wieder!), um zu bedeuten, daß von den Anwesenden einzig der alte und treue Phoinix bleiben darf, ihm soll Patroklos ein weiches Nachtlager richten. Achill wird natürlich nicht abreisen, wie wir wissen, er wird sich erneut in den Kampf werfen und Hektor töten und dann selbst getötet werden. Also lügt auch Achill, sagt Sokrates im *Hippias minor*, er lügt noch unverschämter als der Lügner Odysseus, besser als Odysseus. Ist er also virtuoser, weil geschickter?

Die Frage findet keine Antwort, denn an einer Antwort ist der von Platon in Szene gesetzte Sokrates gar nicht interessiert. Viel eher richtet sich sein Interesse auf das anerkannte Geschick in etwas, das wir inzwischen als die Kunst des Lügens bezeichnen müssen. Der erste Schritt in dieser Kunst liegt zweifellos darin, das Lügen als hassenswert auszugeben: so wie Jago das Bedürfnis spürt, seine Ehrlichkeit hervorzuheben, so hebt auch Achill mit einer Invektive gegen die Lüge an und Odysseus wird den gleichen Wortlaut gegenüber dem Hirten Eumaios gebrauchen, dem Opfer der längsten und inhaltsreichsten Lügengeschichte, die der König von Ithaka erzählt. »Ja, ich hasse die Pforten des Hades, doch jenen nicht minder, Der sich der Armut beugt und nachhilft mit Reden und Täuschen.« (*Odyssee*, XIV, 156–157): nicht einmal die Not befreit den Lügner von der Schuld in den Augen eines prinzipienfesten Odysseus, der sich anschickt, hundertfünfzig Strophen lang (die längste Lüge der ganzen *Odyssee*!) den armen Schäfer anzulügen, wechselvolle Geschichten in Kreta, in Ägypten, zu Land und zu Wasser zu erfinden und immer wieder Ausdrücke wie »dies sage ich dir ganz ehrlich« und Schwüre (»die Götter mögen diese bezeugen«) dazwischen zu streuen. Als falsche Schwüre wiegen sie jedoch nicht so schwer wie diejenigen der Christen: Auch als Petrus in der Nacht, in der sein Meister gefangen wurde, bestritt, Jesus zu kennen, machte er vom Meineid Gebrauch, um die Wahrhaftigkeit seiner Lüge glaubhaft zu machen, danach aber bereute er »bitterlich« und kurze Zeit später wurde ihm vom wiederauferstandenen Christus – der Wahrheit – vergeben (Matth. 26, 69–75 und Joh. 21, 15.19).

Die Kunst der Lüge

Nicht so Odysseus, »der schlaue, listenreiche, Kenner vieler Künste, fähiger Redner«, Attribute, an die Detienne/Vernant (1974) in einem Text über die *metis* erinnern, über die Schlauheit der Griechen, worin der Held der *Odyssee* ein Meister ist: Metis, die Tochter des Okeanos, ist die Göttin der vielen Fähigkeiten, der zu allem fähigen Künstler, der vielseitigen Intelligenz, die sich aufs Lügen versteht und der immer geglaubt wird, auch wenn sie keine anderen Zwecke verfolgt als eben zu lügen. Wenn Odysseus im Laufe seiner Abenteuer oft gelogen hat, um seines und das Leben seiner Gefährten zu retten, wenn er den Freier Antinoos belügt und ihm z. B. sein kommendes Ende vorhersagt (auch ich hatte ein reiches Haus, »aber Zeus der Kronide zerschlug es – es war wohl sein Wille«, XVII, 424), dann ist das verständlich. Schon weniger akzeptabel sind jedoch die Lügen, die er dem guten Eumaios erzählt, dem Vater Laertes, der geduldigen Penelope! Warum hält er den alten Vater hin, warum greift er zum üblichen Signal der Lüge (»ich sage dir alles in voller Offenheit«) und erfindet Geschichte auf Geschichte? Zu Recht spricht Lavagetto (1992, S. 26f.) von der »gnadenlosen Kälte« des Odysseus, wodurch die Episode »geheimnisvoll und unheimlich« gerät. Erst als eine »schwarze Wolke der Angst« auf dem Gesicht des Vaters erscheint, entdeckt der Sohn die eigene Identität. Damit ist auch die taktische Sinnlosigkeit einer Lüge erwiesen, die dem Verlangen des Herzens nicht lange stand-halten konnte, im Unterschied zu den Lügen, mit denen er Penelope und Eumaios konfrontierte, denn diese hatten in einem gewissen Sinn die Probe auf ihre Treue zu bestehen. Eine solche Dreistigkeit genoß jedoch die große Wertschätzung der Götter, man lese dazu nur die Verse über die Rückkehr des Odysseus nach Ithaka, im dreizehnten Gesang der *Odyssee* (256–300).

Athene zeigt sich ihrem Schützling im Gewand eines jungen Hirten (sie täuscht etwas vor, aber sie ist eine Göttin, sie kann sich nicht sofort offenbaren). Nachdem Odysseus erfahren hat, daß er tatsächlich in Ithaka gelandet ist, erzählt er ihr eine andere Version seiner Geschichte, in der er wieder einmal Wahres und Falsches so geschickt vermischt, daß es wahrscheinlich wird. Dem Leser entgeht nicht der Hinweis auf Kreta, von wo Odysseus vorgibt geflohen zu sein, und seine Ankunft auf einer in Nebel gehüllten Insel, die Augen schwer vom Schlaf und »mit tiefer Betrübnis im Herzen«: die Grenze zwischen Schwindel-geschichte und Realität ist undeutlich, Odysseus schützt sich gegen unbekannte Gefahren und holt sein eigentliches Talent hervor, den klugen Bau von Lügengespinsten. Da lacht die Göttin, die »trefflich bewandert in herrlicher Arbeit«, streichelt mit der Hand ihren Schüler, nennt ihn »Meister im Hehlen« und lobt ihn: »Denn du bist im Raten und Reden weitaus der Beste von sämtlichen Menschen.« Geschicklichkeit im Umgang mit Wor-ten, gleich ob um zu lügen oder die Wahrheit zu sagen, gehört zur Weisheit dazu, weshalb sich Athene auch mit Odysseus ver-gleicht: »An mir aber rühmen planendes, Vorteil bringendes Denken die sämtlichen Götter.« Die Lüge ist der gemeinsame Code zwischen Mensch und Gott, die sich durch einen dichten Nebel getrennt vom Rest der Welt von Angesicht zu Angesicht gegenüberstehen und sich an der Geschicklichkeit in einer bei-den bekannten Kunst erkennen, der Kunst des Lügens.

Lügen die Götter?

Die Geschichte des Denkens und der Religion kennt verschieden Beispiele einer Verbindung von Sakralität und Lüge, aber ein Gott, der lügt, ist wohl kaum zu finden, höchstens ein Schutzgott der Betrüger wie Hermes-Merkur und Athene-Minerva. Die berühmte Hypothese des göttlichen Betrugs, die in der ersten der *Meditationen* des Descartes enthalten ist, muß richtig verstanden werden (Scribano, 1999). Descartes schreibt: »Es ist indessen in meinem Denken eine alte Überzeugung verwurzelt, daß es einen Gott gebe, der alles vermag, und von dem ich so, wie ich bin, erschaffen wurde.« Aber da ich sagen kann, daß andere sich bei der Beurteilung von Dingen irren, die ich weiß, so »könnte auch ich mich täuschen, sooft ich zwei und drei addiere oder die Seiten eines Quadrats zähle, oder was man sich noch leichteres denken mag«. Wenn man Descartes Ansichten in späteren Texten in Betracht ziehen würde, dann ließe sich sagen, daß die mathematischen Wahrheiten zu den ewigen Wahrheiten Gottes gehören und daß Gott sie nicht ändern *kann*, da er selbst unveränderlich ist. Aber der »metaphysische Zweifel« ist Bestandteil der ersten *Meditation* (1639) und er bezieht sich auf eine »alte Überzeugung«: nicht auf den Platonismus (der späteren Texte von Descartes), der den geometrisch-mathematischen Verhältnissen Realität zuschreibt, sondern auf den Aristotelismus, wie er von Thomas von Aquin überliefert und von Suárez wiederaufgegriffen wurde, der die mathematischen Wahrheiten als Ergebnis der Abstraktion von der sinnlichen Materie ansieht.

Descartes' Plan, den Leser dadurch zur Wahrheit zu führen, daß er von gemeinsamen kulturellen Voraussetzungen ausgeht, macht in der ersten *Meditation* bei einer »alten« und nicht Cartesianischen Position den Anfang (Descartes hält später das Wesen der Mathematik und der Geometrie für unabhängig sowohl von ihrer beispielhaften Ableitung aus den Körpern als auch von der Tatsache, daß sie Gedankenwerk sind).

Wer ist also dieser Gott , dieser hypothetische »traditionelle«

Betrüger, der jede menschliche Erkenntnis unsicher macht? Kein Gott, der seine Allmacht willkürlich einsetzt, der das ungeschehen macht, was vorher war, sondern ein Gott, der eher Macht über den Geist hat als über die Dinge, die Gegenstand der Erkenntnis sind. Wenn in der ersten *Meditation* von Wesen die Rede ist, die nur im Geist vorhanden sind, dann muß ein betrügerischer Gott ein Gott sein, der die geistigen Inhalte manipulieren kann oder will. Wenn, wie schon bei Suárez, die Hinwendung zur Erkenntnis und gleichermaßen auch zum Irrtum immer freiwillig geschieht, dann muß ein betrügerischer Gott es vermögen, im menschlichen Geist eine unwiderstehliche Hinwendung zur Unwahrheit hervorzurufen. Gott? Suárez und Descartes sprechen eher von einem *angelus malus* oder einem »bösen Geist« und die traditionelle Lehre kommt ihnen zu Hilfe: ein Geist, der nicht Gott ist, kann verwirren, versuchen, täuschen, aber niemals die Zustimmung erzwingen, sagt ersterer. Und Descartes sagt: auch wenn dieser »Geist« existierte, so würde Gott nicht zulassen, daß ich getäuscht würde, »heißt er doch der Allgütige«. »Heißt er«, dies ist wieder eine »alte Überzeugung«, keineswegs ausreichend, Descartes' Zweifel zu zerstreuen, der, nachdem die Hypothese einer Niedertracht Gottes oder eines bösen Geistes verworfen ist, für die Erkenntnisgewißheit keine Garantien sieht: Es ist schon geschehen, daß die Dinge offen zu Tage lagen und sich dann als falsch herausgestellt haben, wie soll man sich also gegen dieses Risiko schützen, nachdem die Anklage eines Gottes, von dem »es heißt, er sei gütig«, fallengelassen wurde?

Die Furcht, die auch in den folgenden *Meditationen* wiederkehrt, ist nicht so sehr die Folge hypothetischer gemeiner Spielchen der Gottheit, als vielmehr der Feststellung, wie zerbrechlich die menschliche Erkenntnis ist. Dem versucht sich das Cartesianische Programm zu widersetzen, um die Möglichkeit zu einer Wissenschaft zu retten, die auf die begrenzte menschliche Vernunft gründet und auch ohne die Hilfe eines lieben Gottes und ohne Furcht vor Täuschungen zu »klaren und deutlichen« Erkenntnissen gelangt.

Lügengeister

»Schlechte Engel« und »böse Geister«, von begrenzter Macht
zwar, aber der Kraft des freien Willens nach katholischer Tradition, wie sie Suárez und Descartes rezipierten, immer noch
überlegen, haben in anderen Kulturen weit größere Bewegungs-
freiheit. Von 1868 stammt die Definition *Trickster* (wörtlich
»Gauner«) zur Bezeichnung einer besonderen Art von Geist in
den afrikanischen und amerikanischen Mythen (Brinton, 1868).
Der *Trickster* ist eigentlich kein Gott, im Gegenteil, er ist ein
Geist, der die Götter zum Narren hält und als »Symbol der
menschlichen Verhältnisse« (Sullivan, 1961) betrachtet werden
kann, obwohl er auch die Menschen hereinlegt. Oft zeigt er sich
in Gestalt eines Tieres (am häufigsten als Koyote, Fuchs, Kanin-
chen und Spinne), mit monströsen Auswüchsen, die es schwer
machen, Sexualorgane und andere Körperteile auseinanderzu-
halten. Der *Trickster* hat einen komischen und wesentlich un-
moralischen Charakter, jedermann hereinzulegen ist ihm eine
besondere Freude, wobei er eine Dummheit und Ignoranz an
den Tag legt, von denen sich nur schwer sagen läßt, ob sie ihm
tatsächlich eigen oder seiner Geschicklichkeit im Betrügen zu-
zuschreiben sind.

Wem fiele da nicht unser Harlekin ein? Liegt es da nicht nahe, diese halbgöttlichen Wesen, die sich dumm stellen, die im-
merzu nach Sex und Essen gieren und jederzeit bereit sind, erst
das eine und mit der gleichen Unschuldsmiene das Gegenteil
zu behaupten, in den Masken der *Commedia dell'arte* des katholischen Abendlandes wiederzuerkennen, die ihrerseits auf die
mittelalterlichen Gaukler zurückgehen, auf den *fool* bei Shakespeare, und die ja nicht zufällig tierische Züge tragen? Harlekin
erinnert durch die Maske, die er auf dem Gesicht trägt, an einen
Affen, einen Fuchs, eine Katze, je nach Epoche, er wird elend bestraft für seine Gier und seine unvorsichtige Durchtriebenheit.
Aber Harlekin ist nur ein Mensch. Die *Tricksters* dagegen sind
mythologische Wesen, die das Menschliche an seine äußersten
Grenzen treiben: den Hunger, das Begehren, alles, was mit der

Körperlichkeit und mit einem beschränkten, ungöttlichen Geist zu tun hat. Die besten Studien zu diesen Geistern findet man in der Aufsatzsammlung von Radin (1956), mit Beiträgen von Jung, Kerényi und Radin. Man muß jedoch die geographischen Gebiete auseinanderhalten, in denen sich diese Mythologien entwickelt haben. Es ist nahezu unmöglich, eine Karte mit den zahlreichen Varianten der *Tricksters* in Afrika zu zeichnen, wo es sehr schwierig ist, Material zusammenzutragen, das nur mündlich überliefert ist und sich je nach Volksgruppe stark unterscheidet. Für die amerikanischen Mythologien aber lassen sich genauere Angaben machen.

In Nordamerika kann man nicht von einem »*Trickster*-Kult« sprechen. *Tricksters* gelten als Angehörige einer fernen mythologischen Ära, aber interessant ist ihre konfliktreiche Beziehung zu den Schamanen, den Opfern ihrer Streiche und blasphemischen »Parodien«. Sie sind jedoch nicht durchweg und per definitionem böse, eher sind es verspielte Kobolde, Feinde des göttlichen »Ernstes«. Respektlos, intelligent und lächerlich ist auch der berühmteste *Trickster*, der in der westlichen Sierra Madre (Mexiko) wie eine Gottheit verehrt wird: sein Name ist Káuyumarie, was soviel bedeutet wie »derjenige, den man nicht kennt« oder »derjenige, der verrückt macht«. Alle Paradoxe, alle Widersprüche und Teilungen entstehen aus der Urspaltung des Körpers von Káuyumarie, auch die Unterscheidung von heiligen Pflanzen wie Peyote und Nutzpflanzen wie Mais. Káuyumarie steht am Ursprung aller Teilung und ermöglicht es deshalb dem Menschen, die Gegensätze des Lebens zu verstehen. Er ist göttlich, steht aber auf der Seite des Menschen. Er gibt ihm die Möglichkeit, die Widersprüche zu durchdringen, denn er ist selbst deren Ursache. Andere *Tricksters* aus Amerika sind viel grausamer und hinterhältiger: Tezcatlipoca, eine aztekische Gottheit, benutzt einen Spiegel, um die Bilder zu verzerren und seinen Opfern Falsches als Wahres zu verkaufen (sein Name bedeutet »rauchiger Spiegel«). In Venezuela und Kolumbien weiß man von *Trickstern*, die sich den »offiziellen« Göttern offen widersetzen, die Priester, Schamanen und andere Vertreter der anerkannten Religionen erniedrigen und ihnen übernatürliche Schwierigkeiten bereiten. Hier können nur wenige Worte über ein so bedeutendes Phänomen gesagt werden, sie mögen aber reichen, um auf die Beziehung zwischen göttlichen Wesen und dem Trug hinzuweisen, die den Geist unmittelbar in einen Anti-Gott verwandelt, in ein Sammelsurium auf die Spitze getriebener menschlicher Eigenschaften, in einen maßlosen Possenreißer, der alle zum Narren hält, in einen Verteidiger der Menschen, auf den man sich jedoch nicht unbedingt verlassen kann.

Die enge Beziehung zwischen Lüge und Religion ist, wenngleich mit einer anderen Färbung, auch unserem Mittelalter nicht entgangen, insbesondere einem Autor, der uns einen Helden mit bewunderungswürdigem Talent im Lügen präsentiert. Die Rede ist von Boccaccio und Cepparello, der Hauptfigur aus der ersten Novelle des ersten Tages im *Dekameron* (1349–1353).

Lüge und Sakrileg

Die Geschichte Cepparellos, so sagt Panfilo, der sie erzählt, ist eine der »wunderbaren Fügungen«, die Gott bewirkt hat, und so soll das *Dekameron*, das von der unendlichen Wandelbarkeit der Schöpfung handelt, bei Gott beginnen, dem »Unwandelbaren«. Ihre Plazierung am Anfang erlaubt es, sie wie eine Art »Manifest« des Autors zu lesen. Nach Almansi (1996, S. 56 ff.) besteht das Vergnügen des Lesers darin zu erleben, wie das Wort die übelsten Laster in die schönsten Tugenden verwandelt und aus einem unverbesserlichen Sünder einen angebeteten Heiligen macht; es besteht darin, »diesen Eindruck völliger Verlogenheit zu genießen, die trügerischen Behauptungen eine nach der anderen auszukosten, deren genuine und garantierte Unwahrheit wir am Raster der Realität (die exemplarische Schändlichkeit Cepparellos), so wie sie uns zu Anfang präsentiert wurde, überprüfen können«. Das beschriebene Verfahren sei dem eines Erzählers ganz ähnlich, der Elemente des Realen als Rohstoff einsetzt und daraus ein Lügengespinst webt, eine Sammlung unwahrer Begebenheiten und Ereignisse, die nie stattgefunden haben, in die Tat umgesetzt von Menschen, die nie gelebt haben. Cepparello, der größte aller Lügner, sei der Doppelgänger des Schriftstellers, der von Berufs wegen lügt. Cepparello belügt sogar Gott, deshalb steht seine Geschichte an erster Stelle, denn auch die Lüge ist in einem gewissen Sinn eine Kreatur Gottes: die höchste Unwahrheit mit dem Segen der Wahrheit, nicht hinsichtlich ihres Inhalts, wie im Fall von Odysseus und Athene, sondern weil sie für die Kunst des Erzählens steht.

Zu den Fakten: in Prato lebte ein gewisser Cepparello, ein Notar, der es für »eine große Schande« gehalten hätte, wenn eine seiner beglaubigten Urkunden nicht falsch gewesen wäre; er legte »besonders gerne« falsches Zeugnis ab, »auf Verlangen oder aus freien Stücken«, er war meineidig, ein Mörder, Gotteslästerer, Vielfraß, Betrüger im Spiel, Weiberheld und »ausnehmendes Wohlgefallen fand er daran, und großen Fleiß verwandte er darauf, unter Freunden und Verwandten und was sonst immer für Leuten Unfrieden und Feindschaft anzuzetteln«, kurz: ein Musterbeispiel der Verkommenheit. In Frankreich muß Herr Musciatto, bevor er sich endgültig aus den Geschäften zurückzieht, noch einige Steuern eintreiben, wobei einige Prozente auch an ihn abfallen, und zwar bei einigen Angehörigen »von so betrügerischem Volk«, wie es die Bewohner Burgunds sind (die Kreter tausend Jahre nach ihnen). Cepparello, gerade beschäftigungslos und in wirtschaftlichen Schwierigkeiten, eilt seinem Freund zu Hilfe und heißt fortan Chapelet (vielleicht vom französischen *chapeau*). Während Chapelet in Frankreich zu Gast bei zwei italienischen Brüdern weilt, zwei berufsmäßigen Wucherern, erkrankt er und geht dem Tod entgegen. Die beiden Brüder machen sich große Sorgen. Einen Todkranken aus dem Haus werfen, das geht nicht, andererseits ist das schändliche Leben des Gastes bekannt und es ist zu fürchten, daß er die Sakramente verweigert oder daß ihm die Absolution versagt wird, was einen großen Skandal nach sich ziehen würde, eine unchristliche Beerdigung und schwere Anwürfe gegen die »lombardischen Hunde«, die italienischen Wucherer.

Chapelet hat die Lösung parat: Nachdem er dem Herrgott so viel zuleide getan hat, macht jetzt, wo er stirbt, »ein Streich mehr auch keinen Unterschied«. Ein »bejahrter Mönch« wird gerufen, »der ein heiliges, makelloses Leben führte«, und diesem beichtet Chapelet, daß er noch nie bei einem Weibe gelegen sei, daß er ein Leben aus Fasten und Pilgerfahrten geführt habe und daß er bereue, einen kleinen Erwerb für sich im Auge gehabt zu haben, er habe jedoch immer mit den Armen geteilt. Daraufhin folgt eine Liste mit »Sünden«, die so nichtig sind, daß der bejahrte Mönch sich seiner eigenen schämt: Er habe Zorn über die Eitelkeit der Jugend empfunden, er habe einen Knecht am Samstagabend den Hof kehren lassen, er habe, noch ein Kind, seine Mutter geschmäht. Chapelet erhält die Absolution, die letzte Ölung und eine Beerdigung nicht nur in der Kirche, sondern im Kloster des Mönches. Nach seinem Tod behandeln ihn die Mönche als Heiligen, sie wachen bei ihm, sorgen für ein feierliches Leichenbegängnis, rufen das Volk zusammen, das den Toten küßt und ihm die Kleider als Reliquien entreißt, bis er schließlich hoch»offiziell« zum Heiligen gemacht wird (alles kam noch durch die kochende Volkseele zustande, vor dem 14. Jahrhundert konnte von Kanonisierung noch keine Rede sein), ein Wunderwirker. Das muß nicht erstaunen, schließt der Erzähler dieser Geschichte, denn Gott macht sich kein Gewissen daraus, auch einen unwürdigen Menschen als seinen Vermittler einzusetzen, immer die Möglichkeit einer echten Bekehrung Chapelets vorausgesetzt, von der wir und die Hörer dieser Geschichte ja nichts wissen können.

Gott verbeugt sich also vor dem Geschick des Lügners, vor der Dreistigkeit des Lästerers, der sogar die beiden Erzwucherer in ungläubiges Staunen versetzt. Diese feine Kunst der Verstellung, diese Mischung aus Zerknirschung und Tränen beim Geständnis kleinster oder unerheblicher Sünden, verrät Durchtriebenheit und genaue Kenntnis der Verhaltensregeln eines Christenmenschen. Zieht das die Bewunderung und die Nachsicht des »Unwandelbaren« auf sich, so daß er sich schließlich zu Wundern herabläßt, die auf die Fürsprache eines Schurken hin erwirkt wurden? Boccaccio scheint anderer Auffassung: Gott in seiner Gutmütigkeit betrachtet »nicht unseren Irrtum, sondern die Lauterkeit unseres Glaubens«, so wie wenn wir irrtümlich einen Feind Gottes zum Vermittler machen, weil wir ihn für seinen Freund halten, »und er uns erhört, als hätten wir uns einen wahren Heiligen zu unserem Fürsprecher bei seiner Gnade erwählt«. Das bessere Los zwischen einem Betrüger Gottes und den betrogenen Gläubigen ziehen letztere, denn sie erhalten die verlangten Wunder kraft ihres reinen Glaubens und unabhängig von der List des Lügners.

Die Lektion Cepparellos oder des Heiligen Chapelet konnte natürlich nicht ohne Folgen bleiben, womit nicht nur ihr Eingang in die zeitgenössische Literatur gemeint ist (s. in Saba Sardi, S. 186f. die Figur des falschen Heiligen, der echte Wunder vollbringt).

Lüge und Torheit

Das *Dekameron* mit seinen hundert Geschichten, die zwischen 1349 und 1353 verfaßt wurden, Spiegel der bürgerlichen Gesellschaft der Stadtrepublik und zugleich des menschlichen Lebens in seiner Gesamtheit, war bis ins 16. Jahrhundert das am meisten nachgeahmte Prosawerk. Man muß jedoch nicht die Nacheiferer Cepparellos suchen, um die starken Veränderungen zu entdecken, die der Standpunkt gegenüber dem Lügen in den Jahrhunderten des Humanismus und der Renaissance erlebt hat. Ein vorsichtiger und ernster Mensch wie Geer Gerrit, genannt Desiderius oder Erasmus Roterodamus (1466–1536), zögerte in seinem berühmten *Lob der Torheit* (1511) nicht zu behaupten, daß die Wahrhaftigkeit nur dem Toren zusteht, dieser Figur, deren Rolle in den Werken Shakespeares offiziell vom *fool* eingenommen wird, vom Narren, der es sich erlauben kann, eine Funktion zu übernehmen, die in der antiken Tragödie der Chor oder der Wahrsager innehatte, das heißt, ohne Scheu die Ereignisse zu erzählen und zu kommentieren. Macbeth oder Lear werden im Laufe ihrer dramatischen Geschichte vom einzigen Menschen ermahnt, der sie nicht betrügen will und der sich nicht ihren Betrügereien beugt, vom närrischen Erben der Volkskomödie, der nichts zu verlieren hat und seine Haut dank seiner Torheit rettet. Ein Umstand, der ihn davor schützt, wie die anderen beurteilt und hingerichtet zu werden, wenn er unangenehme Wahrheiten ausspricht.

Der Aufbau laizistischer Staaten, die Macht der weltlichen Justiz und die Gliederung in feinabgestufte Adelsränge veranlassen den Renaissancemenschen zur Vorsicht: den Fürsten darf man nicht erzürnen, denn er hat absolute Macht. Mit Vergnügen liest man bei Erasmus von der Torheit, die von sich selber sagt: »Mir hat es jedoch stets ein unaussprechliches Vergnügen bereitet, zu reden, wie mir der Schnabel gewachsen ist.« Und: »Bei mir gibt es weder Schminke noch Verstellung: Wie ich äußerlich erscheine, so sieht es auch in meiner Seele aus.« Weniger vergnüglich ist der Gedanke, daß der holländische Humanist dieses Werk seinem Freund Thomas Morus gewidmet hat, der etwa zwanzig Jahre später enthauptet wurde, weil er das Mißfallen Heinrichs VIII. erregte, als er dessen zweite Eheschließung und die Trennung von der Kirche Roms nicht billigen wollte.

Die personifizierte Torheit bestätigt es: »Die Ohren eines Fürsten (wollen) die Wahrheit gar nicht hören.« So ist die Welt, »Königen ist die Wahrheit verhaßt; und das macht auch gerade meinen Toren die meiste Ehre, daß nicht nur Wahrheit, sondern sogar offenbare Beleidigung aus ihrem Mund mit Vergnügen gehört wird und daß dieselben Worte, die einen Philosophen an den Galgen bringen würden, mit herzlichem Lachen aufgenommen werden.« Nur die Toren sind »einfach und wahr« und »was ist aber mehr zu schätzen als die Wahrheit?«. Erasmus fürchtet nicht die Auseinandersetzung mit der griechischen Kultur. Er zitiert Platon, der im *Symposion* (217 e) Alkibiades sagen läßt, daß die Wahrheit nur aus dem Mund von Kindern und Betrunkenen kommt, und Euripides, der jeden für »dumm« erklärt, der seine Gefühle nicht verbergen kann, während er den Weisen in zwei Zungen sprechen läßt, eine für die Wahrheit und eine, um je nach den Umständen das Angemessene zu sagen (*Bacchanten*). Andererseits hatte Platon selbst den Regierenden eine Lizenz zum Lügen erteilt. Er meinte damit die Lüge als »Arznei«, die, wenn sie vom Arzt verabreicht wird, den Menschen von großem Nutzen sein kann (*Staat*, 389 b und *Gesetze*, 722 b–c). Derselbe Dialog, in dem Homer verurteilt wird, weil er von den Göttern als Lügnern und Heuchlern spricht, in dem die Suche nach der Wahrheit als die höchste Aufgabe des Regierenden/Philosophen behauptet wird und in dem die Lüge nur als Möglichkeit zugelassen wird, eine »Meinung« als »Wissenschaft« auszugeben, als Möglichkeit, etwas »anderes als das Sein«, etwas, das an den Grenzen des Nichtseins sich bewegt, als »Sein« auszugeben, derselbe Dialog im *Staat* gesteht dem Regierenden das Privileg der Lüge zu.

»Also denen, die in der Stadt regieren, wenn überhaupt irgend jemandem, kann es zukommen, Unwahrheit zu reden der Feinde oder auch der Bürger wegen, zum Nutzen der Stadt; alle anderen aber dürfen sich hiermit gar nicht befassen« (*Staat*, 389 c). In der von Platon entworfenen idealen Stadt hat der Regierende die Wahrheit erkannt und ist in ihrem Besitz, er kann es sich also auch erlauben, nach Gutdünken mit ihr umzugehen und sie zu verheimlichen, wenn er der Meinung ist, dies sei angebracht für das Wohl der ihm anvertrauten Bürger. Ein Bürger dagegen darf nicht nur nicht lügen, er muß auch bestraft werden, wenn er »ertappt« wird, »weil er eine Handlungsweise einführt, die für eine Stadt ebenso wie für ein Schiff zerstörend und verderblich ist« (389 d). Ein noch schwereres Vergehen liegt vor, wenn ein Bürger einen Regierenden belügt; dies ist vergleichbar mit dem Kranken, der den Arzt belügt, mit dem Athleten, der den Trainer belügt oder dem Seemann, der dem Kapitän den wirklichen Zustand des Schiffes verheimlicht.

Das Privileg des Fürsten

Eine äußerst gefährliche Form des Paternalismus, wenn auch nicht exakt diejenige, die die Fürsten des 16. Jahrhunderts veranlaßte, sich als Inhaber eben dieses Privilegs der Lüge zu fühlen. Erasmus hatte die Fürsten als unglücklich beschrieben, unglücklich, weil sie gezwungen waren, sich mit Schmeichlern zu umgeben, und die Wahrheit nur aus dem Mund von Toren erfuhren. Niccolò Machiavelli rät seinem Fürsten, die Schmeichler zu meiden, sich mit »klugen Männern« zu umgeben und ihnen allein es zu »erlauben, ihm die Wahrheit zu sagen«, dann aber die Entscheidung allein zu treffen, ohne sich von ihrer Meinung allzu sehr beeinflussen zu lassen. Aber *Der Fürst*, geschrieben 1523 und zum ersten Mal 1532 gedruckt, enthält auch scharfsinnige Urteile über das Verhalten des Regierenden selbst gegenüber dem Lügen, die wir in unserer Untersuchung nicht außer acht lassen dürfen. Im Vergleich zum Staat wechselt der Hintergrund vollständig: Das »Wohl« der Gemeinschaft ist in Vergessenheit geraten, der Fürst muß die »Fortuna«, das Schicksal bekämpfen, die Menge aller unwägbaren Elemente, die das Handeln des Fürsten beeinträchtigen können und die nicht seinem Willen unterworfen sind. In diesem Kampf übt der Herrscher eine »Tugend«, die nichts mit dem Platonischen Wissen um die Wahrheit zu tun hat, nichts mit einer christlichen Übernahme der evangelischen Gebote, viel eher ist sie eine Aristotelische »Tüchtigkeit«, eine Befähigung zum Regieren durch die Ermittlung zweckgerechter Mittel und ihren skrupellosen Einsatz.

Der Zweck? Die Sicherung der Macht, nichts anderes. Und zur Sicherung der Macht in einer Welt, die zynisch beschrieben wird als bewohnt von Menschen , »von denen man im allgemeinen dieses sagen kann: sie sind undankbar, wankelmütig, heuchlerisch, scheuen die Gefahr und sind gewinnsüchtig« (XVII, 2), sollte man darauf achten, lieber »gefürchtet als geliebt« zu werden und nur «dem Haß zu entgehen«. Dadurch, daß er dem Beispiel des Löwen und des Fuchses gleichzeitig folgt, kann der

Fürst Kraft und Schlauheit vereinen, wobei er sich wohl davor hüten wird, Gelübde und Versprechen zu halten, aber auch davor, als Lügner und Meineidiger dazustehen. Er muß »im Heucheln und Verstellen Meister sein: die Menschen sind so einfältig und so den Bedürfnissen des Augenblicks ergeben, daß der Betrüger immer welche findet, die sich betrügen lassen« (XVI–I, 3). Unter den »jüngsten Beispielen« kann Machiavelli nicht umhin, Alexander VI. zu erwähnen, der in seinem ganzen Leben »nur darauf sann, Menschen zu täuschen, und er fand immer dafür geeignete Objekte«. Nie gab es einen Menschen, der mehr geschworen und weniger gehalten hat: ein nachahmenswertes Beispiel.

Wie ist es aber möglich, daß ein solcher Mensch gefürchtet und nicht gehaßt wird? Durch Verstellung! Milde, Treue, Aufrichtigkeit, Menschlichkeit, Religion: diese fünf Eigenschaften müssen aus jedem Wort und jeder öffentlichen Handlung des Fürsten herausschauen und niemals darf er so unbedarft sein und seine Gegnerschaft gegen eine von diesen erklären. Wie ein anonymer Zeitgenosse, vielleicht Ferdinand der Katholik, muß er sein, der »predigt nur Friede und Treue und ist in Wirklichkeit ihr größter Feind« (XVIII, 5). Interessant ist die Rechtfertigung eines solchen Verhaltens, das auch eine Garantiefunktion hat: Die Menge sieht im Fürsten nur die Erscheinung, nur wenige kennen wirklich Wesen und Wirken des Fürsten und diese wenigen wagen es nicht nur aus Feigheit nicht, sich der Menge entgegenzustellen, sondern weil sie auch niemanden mehr hätten, der sie schützt. Über den Entscheidungen des Fürsten gibt es kein »Iudizio« mehr, kein höheres Gericht, das man anrufen könnte. Was bleibt also, ist das (falsche) Bild eines ergebenen Herrschers, der fähig ist, »siegreich zu sein und den Staat zu erhalten«. Auf dieses Ziel richtet das Volk sein Auge, wenn es nicht in der Lage ist, das Handeln dessen zu beurteilen, der es erreicht: Wenn dieses Ziel erreicht ist, »werden seine Mittel immer als ehrenvoll angesehen und von jedem gelobt werden« (XVII, 5). Die Banalität des Ziels, das alle Mittel rechtfertigt, verblaßt vor den Spitzfindigkeiten unseres Autors, der sich keine

moralischen Urteile erlaubt, sich auch gar nicht darum küm-
mert, sondern die Wirkungen beurteilt, die das Handeln des
Herrschers auf den Pöbel hat, und zu dem scharfsinnigen
Schluß kommt, »in der Welt gibt es nur Pöbel. Die nur wenigen
klugen Leute kommen nur dann zur Geltung, wenn es dem
Pöbel an Rat fehlt«.

Notstandslügen

In letzter Analyse liegt auch dem Fürsten Machiavellis das
»Wohl« des Staates am Herzen: die Feinde zu besiegen und die
Herrschaft des Regierenden aufrechtzuerhalten. All das kann
zu einem zweitrangigen und gleichsam unfreiwilligen Ziel der
Regierungskunst werden, für die Tüchtigkeit verlangt ist im
Kampf gegen das Schicksal. Verstellung und Meineid sind erlaubte und empfohlene Waffen, wenn sie mit List eingesetzt
werden. Es verwundert deshalb nicht zu beobachten, daß in den
Jahren, in denen *Der Fürst* geschrieben und veröffentlicht wurde, die Literatur zugunsten der Lüge üppig florierte. Celio Cal-
cagnini, Celio Malespini, Giuseppe Battista und Pio Rossi haben
»Apologien der Lüge« und »Vokabularien der Lüge« geschrieben (gesammelt in Nigro, 1990), in denen man lesen kann,
»wenn die Wahrheit die Mutter des Hasses ist, so ist die Lüge die
Erzeugerin der Liebe« und »nicht alle Lästerreden sind Töchter
des Hasses; einige sind auch Töchter der Liebe. Zwischen Ver-
liebten ist es ja durchaus üblich, schlecht von der geliebten
Sache zu reden«. Von beißender Schärfe ist die Definition der
Lüge im »Vokabularium« von Pio Rossi, dem spätesten der vier
Autoren (1581–1667): »Wahrheit ist nur eine, der Lügen aber
sind unendliche« und um »wirkungsvoll« zu sein, müssen sie
der Wahrheit gleichen, denn »tausend wahrscheinliche Dinge,
so scheint es, laufen auf ein notwendig Wahres hinaus; und viele wahre, aber ferne Dinge auf eine falsche Schlußfolgerung«.
Die besten Lügner seien die Dichter, solange sie nicht behaupten, arm zu sein; aber verlogen »aus Natur« sei die Frau, sie sei
sogar »eine Lüge der Natur, die dem Anschein nach dem Manne

Ruhe verspricht, ihm jedoch nur Mühsal verursacht«. Wie Fliegen heben sich die Lügen in die Lüfte und setzen sich, »wo sie am meisten den süßen Geruch der Neugier riechen«. Ironisch und spöttisch konzentriert Pio Rossi seine Definition der Lüge auf das Wahrscheinliche, auf die Dichtung und auf die Fehler der Frauen und läßt die feinsinnigen Erörterungen über die notwendigen Verstellungen des Politikers hinter sich. Was war in der Zwischenzeit vorgefallen?

In der Zwischenzeit hatte Italien den starken und schlauen Fürsten nicht zu finden gewußt, den Machiavelli beschrieben und Guicciardini ersehnt hatte. Während am Ausklang des 15. Jahrhunderts der Hof der Medici Literaten und Künstler ins Schwärmen versetzt, während Marsilio Ficino mit seinen Übersetzungen von Platon und Plotin und mit seinen eigenen Schriften die Rückkehr eines stark idealistisch eingefärbten Platonismus begünstigt, verstehen es weder die Borgia noch die Medici noch andere Häuser, ihre Macht und damit auch italienische Erde zu schützen, der bis zur Plünderung Roms im Jahre 1528 Gewalt angetan wird. Die *Utopia* von Thomas Morus (1516) und später der *Sonnenstaat* von Tommaso Campanella (1602) sind ein Zeichen für die Kraft eines politischen Traumes, der sich sicherlich in den Platonischen Dialogen seine Anregungen geholt hat, und gleichzeitig ein Zeichen für die Entmutigung all derjenigen, die sich den Sonnenstaat nur an einem »Ort« denken können, »den es nicht gibt«. Die Fürsten sind zu absoluten Herrschern geworden, die Staaten Spielball ihrer Willkür, das Wohl der Gemeinschaft wirkt wie ein schlechter Witz in einem Jahrhundert, das auf den Dreißigjährigen Krieg hindeutet.

Das Buch vom Hofmann (1528), gleich nach der Plünderung Roms von Baldassare Castiglione verfaßt, ist sehr aufschlußreich. Es hätte die komplementäre Antwort auf das Werk Machiavellis sein können, denn es beschreibt die Eigenschaften des perfekten Höflings im Dienst des perfekten Fürsten. Aber die Zeiten hatten sich im Verlaufe weniger Jahre bereits geändert und die gelehrten Seiten Castigliones zeichnen einen Menschen, dem die »Ausgeglichenheit« wesenseigen ist. Die Nostalgie Guicciardinis nach der näheren und ferneren Vergangenheit überdeckt auch dieses Werk: die »Tugend« hat nichts vermocht gegen das »Schicksal«, das in der Gestalt der Landsknechte Rom geschändet hat, das die Christenheit erschütterte (1517 schlägt Luther die »95 Thesen« an), das die Monarchen in einen Krieg gegeneinander, gegen die Kirche, gegen neureiche Familien und alte Feudalherren hetzte. Der »Hofmann« ist überwältigt von den Ereignissen und muß versuchen, ein weises Gleichgewicht zu gewinnen, eine *mediocritas*, die der von Cicero in *De officiis* (I, 25, 89) empfohlenen Haltung näher steht als dem Aristotelischen »Mittelweg«, dem tugendsamen Scheitelpunkt zwischen den Abgründen zweier entgegengesetzter Fehler. Als Liebhaber der Mitte muß der ideale Mann von Baldassare Castiglione alle Künste können (ohne zu übertreiben), von der Jagd bis zur Gelehrsamkeit; er muß zwischen den ethischen und den ästhetischen Prinzipien vermitteln können; er muß reden können, wie es jeweils opportun erscheint, was im Lauf weniger Jahre zwangsläufig in Opportunismus mündet. Der höchste Grad an Eleganz wird natürlich der Verstellung zugeschrieben: Wiederum unter Berufung auf Cicero (*De oratore*, II, 67, 269–270) ist man zu einer Konversation angehalten, in die sowohl die Dramatik der Politik als auch spielerische Leichtigkeit einfließen sollen. Der Gentleman bei Hof durfte weder dem schlechten Geschmack nachgeben, noch sich zu Narreteien hinreißen lassen (was ihm die Wahrhaftigkeit wohl erlaubt hätte), sondern er mußte das »scharf geschliffene Wort« zu gebrauchen wissen, wenngleich mit Vorsicht, und mit Ironie zu plaudern verstehen, wie im Kapitel 73 des zweiten Buches zu lesen ist: »Diese Art von Scherzen, die etwas Ironisches an sich hat, erscheint als sehr angemessen für hochstehende Personen, weil sie gesetzt und doch gesalzen ist und man sie bei spaßhaften und auch bei ernsthaften Gelegenheiten anwenden kann.«

Anstandslügen

Die »Verstellung« ist andererseits eine Pflicht höfischen Benehmens: »Eine recht hübsche Art von Scherzen ist auch die, die in einer bestimmten Verstellung besteht, wenn man etwas sagt und heimlich etwas ganz anderes meint.« Zum Lügen wird natürlich nicht angestiftet (das würde die *mediocritas* der Ausgewogenheit überfordern): »Ich spreche nicht von jener gegensätzlichen Art, wenn man etwa zu einem Zwerg Riese sagt, zu einem Neger Weißer oder einen Häßlichen schön nennt, weil dies zu offensichtliche Widersprüche sind, obwohl sie manchmal ebenfalls zum Lachen bringen, sondern wenn man, mit ernster und gesetzter Rede spielend, freundlich behauptet, was man gar nicht im Sinn hat.« (II, Kap. 72). Die Definition des Augustinus, der die Lüge als das Aussprechen von etwas anderem als dem, was man im Sinn hat, verstand, wird hier zur Beschreibung eines unterhaltsamen Spiels. Einer durch genaue Benimmvorschriften geregelten Pflicht des Hofmannes, der immer mehr zum Weltmann wird.

Ein meisterliches Handbuch dieser guten Manieren hat Monsignor Giovanni della Casa geschrieben, jenen *Galateo*, der noch heute tausendfach imitiert wird und vom Ansatz und der Form her noch nie außer Mode geriet, bestenfalls vom Inhalt her (wer hat sich noch nie mit einem »Knigge zum richtigen Gebrauch des Handys« amüsiert oder einem »Knigge des perfekten Reisenden« oder einem »wohlerzogenen Touristen«? Um nicht zu reden von den tausend Heftchen, die voll sind mit Ratschlägen, wie man Liebesbriefe schreibt und wie man sie wieder zerreißt, wie man einen Arbeitsplatz aufgibt und wie man einen findet, wie man eine unerwünschte Einladung ausschlägt und wie man sich eine Einladung besorgt). Bereits Manganelli hat in seiner Einführung in diesen Text bemerkt, der *Galateo* behandle die guten Manieren nicht nur als Gegenstand der Rhetorik, sondern als rhetorische Kunst. Das irritierende »Jeweil«, mit dem er beginnt, muß deshalb wie eine Aufforderung zur Besonnenheit gelesen werden, zum Nachdenken, zum Studium einer

Kunst, die nichts mit Ethik oder Moraltheologie zu tun haben will, sondern mit dem Leben auf dieser Welt: »Ich unternahm es nicht, dir die Sünden der Menschen zu zeigen, sondern ihre Fehler« (Kap. 27). Der *Galateo* wurde zwischen 1551 und 1555 auf Anregung des Bischofs Galeazzo (deshalb *Galatheus*) Florimonte verfaßt und lehrte das gute Benehmen: Unfein ist es, in Gesellschaft einzunicken und dann geräuschvoll wieder aufzuwachen (Kap. 6); sich abzusondern, um zu lesen, oder die Zunge herauszustrecken, ob aus schlechter Gewohnheit oder zum Grimassenschneiden (Kap. 30); das Gesinde zu schlagen (Kap. 8) und unsittlich die Beine übereinander zu schlagen (Kap. 6). Die Zunge ist im Zaum zu halten, also nie fluchen oder »unflätige« oder »ekelhafte« Bilder gebrauchen; nie in Schmeicheleien verfallen, nie langweilen durch die Erzählung eigener Taten oder eigener Träume; nie lügen. Warum? Weil man Lügnern auf die Dauer nicht glaubt und weil man ihnen auf die Dauer zuhört, »als würden ihre inhaltsleeren Worte nicht ausgesprochen, als hätte nur der Wind gesäuselt.« (Kap. 13). Es macht Spaß, den *Galateo* zu lesen, aber es beschleicht einen auch eine gewisse Angst, die zwischen den Seiten dieses kurzen und bekannten Büchleins lauert: Warum soll man sich an die Benimmregeln der guten Erziehung halten? Um von Seinesgleichen akzeptiert zu werden? Um keine schlechte Figur zu machen? Sind das hinreichende Gründe, um nicht zu lügen? Als Grund mag das reichen, um sich ohne Taschentuch nicht die Nase zu putzen (Kap. 3), aber ansonsten sind es schwache Argumente innerhalb eines Buches, das vor allem die Verstellung lehrt, zum Beispiel beim Verbergen aller privaten Dinge, die einem doch am meisten am Herzen liegen, und bei der Wahl allgemein erwünschter Gesprächsthemen.

Die ehrenwerte Verhehlung

Es ist nicht mehr erlaubt, das Herz »auf der Zunge zu tragen«, wie es das Bild der *Hieroglyphica* des Piero Valeriano intendierte, der Mensch muß sich an die Gewalt und den Betrug der Welt anpassen, in die er hinein geboren wird und der er sich nur durch extreme Flucht wieder entziehen könnte. In diese Jahre fallen die Reformen der Karmelitenorden durch Theresia von Ávila (1515–1582) und Juan de la Cruz (1542–1591), die die strenge Beachtung der elementaren Regeln wiedereinführen. Wer weiter an der Welt teilhat, erfährt den *desengaño*, die Desillusionierung, das barocke Thema par excellence, das den Traum gegen das Leben stellt (an die Werke Calderòns ist hier zu erinnern, an Täuschung und Enttäuschung, die unauflöslich miteinander verwoben sind), die Maske gegen die Wahrheit, die zeitliche Grandezza gegen die Hinfälligkeit. Ohne Maske zu leben, ist nicht möglich. Dabei geht es jedoch nicht um »Simulation«, um Heuchelei, denn dies ist ein aggressives Tun, sondern um »Dissimulation«, um eine »ehrenwerte Verhehlung« – dies der Titel des berühmtesten Werkes von Torquato Accetto, das 1641 veröffentlicht wurde, – die der Sache nach in ganz Europa schon lange bekannt war. Der ehrenwerte Verhehler kann dulden, schweigen, warten und deshalb »genießt er gewissermaßen auch, was er nicht hat, wogegen die Gewalttätigen nicht zu genießen wissen, was sie haben«. Accetto selbst spricht im Prolog von seinem Buch als einem Gegenstand der Selbstzensur, es sei eher »verstümmelt anstatt verbessert«, »beinahe ausgeblutet«. Die Wahrheit ist schön, wunderschön sogar, liest man auf den ersten Seiten des Büchleins, nie darf man von ihr abweichen, man muß ihr aber jene Vorsicht zur Seite stellen, die bereits Baldassare Castiglione und Cicero in *De officiis* (44 v.Chr.) gelobt hatten. Diese Tugend macht die Verhehlung notwendig, denn diese ist nicht anderes als »ein Schleier aus ehrenwerter Finsternis und gewaltsamer Rücksicht« (Kap. IV), ein Jonglieren mit den Oxymora, das alle barocken Autoren entzückt hat. Die Heuchelei besteht darin, etwas glauben zu machen, was nicht so ist, sie ist also eine Lüge und damit zu ächten. »Die Verhehlung ist die Fertigkeit, die Dinge nicht so zu zeigen, wie sie sind.« (Kap. VIII): der Mensch des 17. Jahrhunderts *will nicht sehen*, weil er weiß, daß auch die graziösesten Erscheinungen nur den Tod verschleiern, der alle der Geschichte unterworfenen Wesen unerbittlich ereilt. Man betrachte nur die Bilder von Velásquez, Zubarán, ihrer Zeitgenossen und ihrer Epigonen, die uns keine Grausamkeit der Natur ersparen und auch nicht davor zurückschrekken, vom Tode gezeichnete Könige zu zeigen, oder die *Anatomievorlesung des Dr. Tulp*, von Rembrandt 1632 gemalt, um den Auftakt des neunten Kapitels in Accettos Buch zu verstehen: »Setzt man voraus, daß der Zustand des sterblichen Lebens von vielen Fehlern begleitet sein kann …«. Das Häßliche, Kranke und Entstellte gibt es, vor allem aber gibt es das Vergängliche, Zufällige und Todgeweihte. Der ehrenwerte Mensch muß dies verbergen. »Dann ergibt sich, daß auf der Welt arge Zwischenfälle geschehen, so man, da diesen nicht anders Herr zu werden ist, nicht einen Ausweg findet, die Dinge zu verbergen, die es nicht würdig sind gesehen zu werden, entweder weil sie häßlich sind oder weil sie Gefahr laufen, häßliche Unglücksfälle hervorzurufen.«. Der Pessimismus des ehrenwerten Accetto ist sich absolut sicher darin, »daß alles Schöne nichts anderes ist als eine liebenswerte Verhehlung«, sogar die Natur ist eine große Verhehlerin, denn was sonst macht die blutrote Rose, als mit ihrer Schönheit das traurige Ende zu verschleiern, das auf sie wartet mit Verwesung und als Fraß für die Würmer?

Der Verhehler ist ein rechtschaffener Mensch, der den Zorn meidet und auch keine hohe Meinung von sich selbst hat. Er schafft es sogar, vor sich selbst die Dinge zu verheimlichen und von Zeit zu Zeit sein Unglück zu vergessen (»dann soll man, wenn man unglücklich ist, an manchen Tagen sein Unglück vergessen und versuchen, wenigstens mit einem Bild seiner selbst zu leben, das einen zufrieden macht, so daß man den Gegenstand des Unglücks nicht immer vor Augen hat« (Kap. XII)). Verheimlichen, um seine eigenen Leiden zu vergessen, genügt jedoch nicht, auch aus Barmherzigkeit soll man verheimlichen und überaus angebracht ist das Verbergen zwischen Liebenden. Wer verheimlicht, kann einen Sieg auskosten (worüber? Über die Häßlichkeiten des Lebens?), zu dem ihm Geist und nicht pure Kraft verholfen hat. So wie Campanella die »Enthüllung der Komödie im Jüngsten Gericht« erwartet (*Philosophische*

Gedichte, 14), so vertraut Accetto am Schluß auf die göttliche Gerechtigkeit, die endlich den wahren Sinn dieser ständigen Verwandlung in »diesem großen Welttheater« (Kap. XVII) aufdeckt: Der Tag des Jüngsten Gerichts wird der einzige sein, an dem »keinerlei Verhehlung nottun wird«, im Jenseits dann ist sie sinnlos. Aber hier unten, in der Geschichte, bestätigt sogar die Heilige Schrift die Notwendigkeit dieser Kunst: verhehlte nicht auch Hiob und blieb ruhig trotz der furchtbaren Schicksalsschläge, die Gott zugelassen hat? *Nonne dissimulavi?* heißt es in der *Vulgata* (Hiob 3, 26), *nonne silui? Nonne quievi? Et venit super me indignatio?* (»Hab ich denn nicht verhehlt? Nicht geschwiegen? Nicht die Ruhe bewahrt? Und doch kam der Zorn Gottes über mich«). Wie Schopenhauer zwei Jahrhunderte nach ihm, so braucht auch Accetto die Unterstützung der Heiligen Schrift, um die Zulässigkeit nicht der Lüge, aber immerhin der ehrenwerten Verhehlung zu bekräftigen. Der deutsche Philosoph scheut sich nicht, zur Unterstützung seiner These von der Zulässigkeit der Lüge, wenn sie dem Schutz vor Feinden oder Neugierigen dient, eine Episode aus dem Evangelium zu zitieren, in der Jesus seinen Brüdern sagt, daß er keine Absichten hat, auf das Laubhüttenfest nach Jerusalem zu gehen (»Ich will noch nicht hinaufgehen auf dieses Fest«, (Joh. 7, 8), dann aber doch hingeht (»Aber mitten im Fest ging Jesus hinauf in den Tempel und lehrte«, Joh. 7, 14, zitiert in *Die Grundlage der Moral*, Kap. 3).

Lüge und Wahrheit jenseits der Moral

Die Verstellung wird nicht akzeptiert von einem anderen deutschen Denker, der ironisch den »durch Begriffe sich beherrschenden« Menschen beschreibt: Er, der erklärt hat, nur die Wahrheit zu suchen, zeigt im Unglück seine Kehrseite, »er trägt kein zuckendes und bewegliches Menschengesicht, sondern gleichsam eine Maske mit würdigem Gleichmaße der Züge, er schreit nicht und verändert nicht einmal seine Stimme: wenn eine rechte Wetterwolke sich über ihn ausgießt, so hüllt er sich in seinen Mantel und geht langsamen Schrittes unter ihr davon«. Die Verachtung, die Friedrich Nietzsche für all diejenigen empfand, die so tun, als suchten sie die Wahrheit, um ihr dann den Rücken zu kehren, ist nicht zu übersehen in diesem Text von 1873, *Über Wahrheit und Lüge im außermoralischen Sinne.* Die herbe Ironie, die man bei Nietzsche hier und auch an anderer Stelle zu lesen gewohnt ist, hat ihre Rechtfertigung in seinem Begriff der Sprache, bzw. im Begriff des Menschen. Wie lächerlich wirkt der Mensch, der sich für das Zentrum der Welt hält, dabei würde sich auch eine Mücke dafür halten, wenn sie nur Verstand hätte: lächerlich und kläglich, denn er merkt nicht, daß er den Verstand nur hat aus Mangel an stärkeren Waffen für sein Überleben. Das schmeichelt den Menschen, sie halten sich für wichtig und drängen danach, eine Gesellschaft zu bilden, durch Einsatz ihrer Sprache. Und damit vollziehen sie die grausamste Täuschung: Wenn sich die Menschen »aus Not oder Langeweile« zusammen tun, fixieren sie »die Gesetzgebung der Sprache«, die »die ersten Gesetze der Wahrheit« gibt, ohne zu merken, daß sie dabei sind, das »Wahrheit« zu nennen, was nur die »willkürliche Übertragung« einer subjektiven Reizung in eine subjektive Metapher, in einen Begriff, ist und von dieser wieder zu einer anderen Metapher, der Sprache. Der Mensch glaubt etwas von den Dingen an sich zu wissen, aber er täuscht sich, er nennt das Wahrheit, was er so zu nennen beschlossen hat: »Die Wahrheiten sind Illusionen, von denen man vergessen hat, daß sie welche sind, Metaphern, die abgenutzt und sinnlich kraftlos geworden sind, Münzen, die ihr Bild verloren haben und nun als Metall, nicht mehr als Münzen, in Betracht kommen.«

Der Begriff, den die Menschen für das Resultat einer allen gemeinsamen Abstraktion halten, ist das »Residuum einer Metapher«, um das herum die Wissenschaft ihre Bollwerke gebaut hat zum Schutz »gegen ganz andere ›Wahrheiten‹«. Das sind die Wahrheiten des Traums, des Mythos, der Kunst, die nicht aus dem »Begriffsgespinst« hervorwachsen, aber deshalb nicht weniger legitim sind. Der Mensch, der sich ihnen anvertraut, wird nicht nur weniger getäuscht als derjenige, der auf das vorgefertigte Regelwerk der Begriffe baut, sondern er lebt »wie bezaubert von Glück«: »Der Intellekt, jener Meister der Verstellung, ist so lange frei und seinem sonstigen Sklavendienst enthoben, als er täuschen kann, ohne zu schaden.« Das Beschädigtwerden ist nach Nietzsche das einzige, was der Mensch wirklich fürchtet, wenn er vorgibt, das Betrogenwerden zu fürchten: der Mensch haßt nicht die Täuschung, »sondern die schlimmen, feindseligen Folgen gewisser Gattungen von Täuschungen«, die Wahrheit will er nur »in dem beschränkten Sinne« ihrer angenehmen, lebenserhaltenden Folgen. Wenn die Gefahr vorbei ist, dann kann er es sich erlauben, »intuitiv« zu sein statt rational und die abgestandene Rede abzuwerfen, »als ein ›überfroher Held‹«, der »nur das zum Schein und zur Schönheit verstellte Leben als real nimmt«.

Das barocke Bedürfnis, die Vergänglichkeit und Häßlichkeit des Lebens »nicht sehen zu wollen«, wird hier zu einem möglichen Lebensstil, vollendete Wirklichkeit geworden laut Nietzsche im antiken Griechenland, wo der Traum eines olympischen Lebens über das rohe Leben der Menschen gewacht haben soll. »Wenn jeder Baum einmal als Nymphe reden oder unter der Hülle eines Stieres ein Gott Jungfrauen wegschleppen kann, wenn die Göttin Athene selbst plötzlich gesehen wird, wie sie mit einem schönen Gespann, in der Begleitung des Pisistratus, durch die Märkte Athens fährt (…), so ist in jedem Augenblicke, wie im Traume, alles möglich, und die ganze Natur umschwärmt den Menschen, als ob sie nur die Maskerade der Götter wäre, die sich nur einen Scherz daraus machten, in allen Gestalten den Menschen zu täuschen.«

Paradoxerweise erobert der Mensch wieder die vielgescholtene Mitte im Universum, wenn er sich bereitwillig täuschen läßt, dabei aber die richtige Täuschung wählt. Nicht die Residuen der Metapher, die den Namen »Wahrheit« beanspruchen, sondern den Traum, den Mythos, die Kunst, die sich dessen bewußt ist, trügerisch zu sein, die ihm aber »eine fortwährend einströmende Erhellung, Aufheiterung, Erlösung« schenkt.

Leidet also der Mensch nicht, der die richtige Täuschung gewählt hat? Oh doch, er leidet sogar mehr als die anderen, weil in der nicht-rationalen Welt aus der Erfahrung keine Erkenntnis gezogen wird und weil es keinen Trost gibt, doch zumindest begeht er keinen Betrug durch die Behauptung, er besitze die Wahrheit, und wenn er ungeheuer leidet, so genießt er auch ungeheuer.

White lies, »Trostlügen«

Niemals könnten wir die Lügen der Kunst und die Lügen, die Geschichte gemacht haben, in Angriff nehmen, wenn wir uns nicht zuvor ein paar Gedanken zu einer Lügengattung machten, der wir schon oft begegnet sind, die wir eingeordnet, benannt, aber nie diskutiert haben: die Lüge »zu einem guten Zweck«. Es handelt sich dabei nicht um die im vorigen Kapitel erwähnten Fälle legitimer Notwehr, sondern um explizite Lügen, die im Namen eines höheren Gutes eingesetzt werden, als es die Wahrheit ist bzw. die Wahrhaftigkeit der Behauptung, um im Sprachgebrauch dieser kleinen Untersuchung zu bleiben. Die Bandbreite ist riesig, sie reicht vom Weihnachtsmann bis zur Heilung eines Todkranken, vom heimlichen Ersetzen einer beim Fußballspielen zerstörten Fensterscheibe bis zum Unschuldsplädoyer für den eigenen Mandanten, auch wenn der ein Gewohnheitsverbrecher ist. Zu dieser Gattung gehören auch die Lügen von Platons Regierenden, aber nur insofern sie Ausdruck eines Obrigkeitsstaates sind, der es sich herausnimmt zu wissen, was für die Regierten richtig ist, ob sie die Lage der Dinge erfahren dürfen oder ob man sie besser hinters Licht führt, ganz nach Art eines Vaters, der sich seinem Sohn gegenüber genauso verhält, weil dieser noch klein oder jedenfalls der Situation noch nicht gewachsen ist.

Wie in den vorigen Kapiteln ausgeführt wurde, haben die letzten Jahrhunderte nur wenige Denker hervorgebracht, die das Lügen »um des Guten willen« für vollständig zulässig hielten. Wir übergingen dabei die Auffassungen des antiken Griechenland und betrachteten nur den Fall Platon, denn Aristoteles hält nur jemanden in Ehren, der immer ehrlich ist, und den Stoikern zufolge ist jemand, der von einem Weisen getäuscht wird, der an sich gar nicht täuschen will, selbst schuld daran, denn er hat sich täuschen lassen. Im Mittelalter kamen Zweifel auf. Das Christentum des 17. Jahrhunderts beschäftigte sich theoretisch damit und schuf die »Mentalreservation«, den inneren Vorbehalt, der schon bei der Vervielfältigung der Intentionen einer Äußerung in den Jahrhunderten davor wirksam war; bei Grotius dann finden wir die Erlaubnis zum Lügen gegenüber Kindern und Unzurechnungsfähigen. Zwischen Lob und Verbot zieht sich der Streit hin, bis schließlich die Auseinandersetzung zwischen Kant und Constant das Thema der legitimen Notwehr aufs Tapet bringt, das Schopenhauer später wieder aufgreift. Und Advokaten, Ärzte, Journalisten, Eltern und Liebende, wie sollen diese sich verhalten?

Hat der Satz des Augustinus noch Gültigkeit, dem zufolge die Wahrheit Vorrang hat vor dem Herztod eines alten kranken Vaters, dem das Ableben des Sohnes mitgeteilt wird (*mend.*, 5, 5)? Ist es nicht eine überflüssige Roheit, wenn heutige Eltern vor ihren Kindern herzlos die Existenz von guten Hexen, Weihnachtsmännern, Micky Mäusen, schwarzen Männern und Einschlaf-Feen für liebe Kinder bestreiten?

Ist die Hartnäckigkeit noch berechtigt, mit der der Journalistenverband dem Staat das Recht verweigert, die redaktionellen Quellen zu erfahren, mit Ausnahme ganz weniger schwerer Fälle? Oder die Rechtsanwälte, die verbissen das berufliche Können unabhängig von den ihnen bekannten Fakten am Erfolg ihres Mandanten messen? Oder die Hyperbeln der Werbung, die all denen, die vielleicht gar nichts anderes suchen als Illusionen, versprechen, daß die Falten verschwinden, daß sie sich Ausstrahlung erwerben, Kilos loswerden und die Schüchternheit gleich dazu. Das Problem stammt aus unserer Zeit, wie das Interesse der Ethikforscher ab der Mitte des 19. Jahrhunderts und das Erscheinen wichtiger Schriften ein Jahrhundert später, wie im Falle Bok (1978), beweist.

In *Die Methoden der Ethik*, einem Moraltraktat, das die Aristotelische Methode der Untersuchung des »gemeinen Verstandes« wieder aufgreift, sagt sein Autor Henry Sidgwick bei der Auflistung der Pflichten: »der gemeine Menschenverstand gebietet indes nicht unter allen Umständen, daß man die Wahrheit sagen soll; er spricht auch nicht klar aus, ob ein richtiger Glaube, den wir erwecken sollen, sich wörtlich auf unsere Angaben gründen muß, oder auf die Schlüsse, die daraus zu ziehen sind«. Sidgwick läßt sich auf die letzte Frage nicht weiter ein, sondern beschränkt sich darauf zu beobachten, was in der Gesellschaft am Ende des 19. Jahrhunderts vor sich geht. Viele Formeln haben ihren ursprünglichen Sinn verloren, so ist etwa der Ausdruck, »ich leiste mit dem größten Vergnügen Folge«, nicht mehr als Lüge zu betrachten, auch wenn die vorangegangene Einladung als lästige Pflicht empfunden wird, denn die geläufigen Floskeln werden nie wörtlich genommen. Zwischen den Gesprächsteilnehmern gilt die stillschweigende Abmachung, etwas zu sagen und etwas anderes zu meinen.

In Auseinandersetzung mit Kants absoluter Pflicht zur Wahrhaftigkeit entfaltet der amerikanische Philosoph eine uns eher vertraute Kasuistik: Die Lüge wird vom gemeinen Menschenverstand gelegentlich auch im Namen eines »Ehrencodex« eingefordert, manchmal als Notwehr, aus Berufsgründen, wie im Fall der Ärzte und Rechtsanwälte und gelegentlich aus der Pflicht heraus, den Bürger vor Wahrheiten zu schützen, die das Sozialgefüge erschüttern könnten. »Im ganzen«, schließt Sidgwick, »zeigt sich also bei näherer Überlegung, daß die Regel der Wahrhaftigkeit in dem gewöhnlich angenommenen Sinn nicht zu einem bestimmten moralischen Axiom erhoben werden kann. Denn es herrscht keine Einigkeit darüber, wie weit wir verpflichtet sind, anderen wahrheitsgetreue Angaben zu machen. Es widerspricht zwar dem gemeinen Menschenverstand, unter allen Umständen absolute Offenheit zu verlangen, wir finden jedoch kein selbstverständliches Prinzip zweiter Ordnung, das uns klar sagte, wann sie nicht zu verlangen ist« (III, VII, §2). Hinsichtlich der Rechtsanwälte präzisiert Sidgwick, »ein Verteidiger würde für übertrieben gewissenhaft gehalten werden, wenn er sich weigerte, etwas Falsches zu sagen, das ihm eingeschärft worden ist«, und fügt in einer Fußnote hinzu, »man kann kaum sagen, daß der Verteidiger lediglich die falschen Angaben anderer wiederholt. Denn die Stärke seiner Verteidigung hängt davon ab, daß er sie annimmt und so umarbeitet, daß er, wenigstens für eine Zeit, ganz davon überzeugt zu sein scheint«.

Richtig heiß wird die Thematik, wenn der »gemeine Menschenverstand« mit den Lügen der Verteidiger auch die Lügen der Ärzte rechtfertigt, oder sogar die »Staatslügen«, sofern zu ihnen nicht bereits die Lügen der Anwälte gehören, die von Rechts wegen zur Erfüllung ihrer Pflichten zum Lügen angehalten sind. Es empfiehlt sich also, kurz bei den Ärzten und ihren »Trostlügen« zu verweilen, bevor wir uns ins Thema des nächsten Kapitels vertiefen.

Doktor, Sagen Sie mir die Wahrheit

Nach einer im Oktober 1999 veröffentlichten Umfrage von Astra/Demoskopea halten nur zehn von hundert Italienern die Ärzte für die verlogenste Berufsgruppe. Die anderen neunzig nennen noch vor den Ärzten die Politiker, die Journalisten, die Geschäftsleute usw., ja sogar die »intelligenten Personen« im allgemeinen und die Polizisten. Dem Arzt ist man entschlossen zu glauben, in seinen Händen liegt unser Leben, auch wenn es nur die Gestalt eines Keuchhustens oder einer Eustachischen Röhre hat. Am Arzt zweifeln ist wie an der Mutter zweifeln, den Arzt zu wechseln ist so traumatisch, wie den Partner zu wechseln. Trotzdem hat vielleicht schon jeder viel Geld für Untersuchungen ausgegeben und sich gefragt, ob sie wirklich notwendig waren. Und wer hat noch nie einen inneren Widerstand verspürt, wenn ihm Alkohol, Zigaretten oder andere Freuden verboten wurden? So reibungslos ist das Verhältnis Arzt und Patient nicht, doch schließen wir den Protest des Schlemmers oder den Betrug des Arztes, der bei jeder Analyse in einer bestimmten Klinik seine Prozente bekommt, einmal aus und fragen wir uns eher: Ist es richtig, daß der Patient immer die ganze Wahrheit über seinen Gesundheitszustand kennt?

Der alte Trick, mit den Verwandten zu reden, aber nicht mit dem Kranken, gestaltet sich bei der heutigen Komplexität der sozialen Verhältnisse immer schwieriger: Gehört der Kranke zu einem »erweiterten Familienverband«, wer ist dann der Ansprechpartner? Die erste Frau, die zweite, die Frau, mit der er aktuell zusammen ist? Der erwachsene Sohn, der noch rüstige Vater, der Sohn aus erster Ehe seiner zweiten Frau, eigentlich ein Außenstehender, aber ebenfalls Arzt? Umgekehrt gibt es nicht wenige Fälle, in denen die Kranken allein sind: sei es, weil sie allein leben, sei es, weil sie tatsächlich allein sind oder weil sie sich dafür entschieden haben, um ihre Angehörigen vor ihrer Krankheit in Schutz zu nehmen, aus Stolz, aus Scham oder sonst einem bestimmten Grund. Dazu kommt der Eifer des Arztes, der aus den Erfahrungen anderer dazu gelernt hat und allen Klagen und Anzeigen von Angehörigen zuvorkommen will, die lamentieren, sicher, der Tod sei zu erwarten gewesen, aber doch nicht so schnell und so sicher sei man dann doch nicht gewesen. Wenn also der Eindruck entsteht, man habe es mit Technikern zu tun, die Auskunft geben über den Zustand von Karosserie und Motor (die Therapien sind »Versuche«, die Eingriffe »unvermeidlich«, die Diagnosen »Hypothesen«), sonst aber keine weitere Verantwortung übernehmen, dann bekommt es dieser Standpunkt der beinharten Klarheit mit den Befürwortern der »Lüge um jeden Preis« zu tun. Die gibt es nämlich auch.

Neben den Vertretern, die ihre Berufsgruppe verteidigen, und solchen, die das Recht des Kranken darauf reklamieren, Bescheid zu wissen, um sich auf den Verlauf der Krankheit vorbereiten zu können, steht der Einspruch von Vladimir Jankélévitch, der bereits als Autor einer Abhandlung über die Lüge hervorgetreten ist (1942) und in einem Seminar über »Le mensonge en médicine« (erschienen in der Zeitschrift Médicine en France, Nr. 177) von der Pflicht gesprochen hat, einen Schwerkranken zu belügen, um ihn zu schützen, zu verteidigen, um seine Leiden durch Hoffnung zu lindern, auch wenn diese trügerisch ist.

Jankélévitch vergleicht den wahrheitsbesessenen Arzt mit dem Denunzianten, der einen in seinem Zimmer verborgenen Partisanen der Gestapo ausliefert. Er behauptet außerdem, wer sage, »Sie haben nur noch wenige Monate zu leben«, sei ein größerer Lügner als jemand, der in einer solchen Situation lügt, denn mit einer solchen Auskunft wälze er seine eigene Ohnmacht auf den Kranken ab und gebe das als ungeschminkte Wahrheit aus, was in Wirklichkeit eine viel tiefere Wahrheit verbirgt: »Ich kann Sie nicht heilen, ich kann nichts tun, was ihr Leben über die wenigen Monate hinaus verlängert, die Sie noch zu leben haben.«

Mit dieser Auffassung steht er nicht allein da. Erst kürzlich wurde sie wieder aufgegriffen (Caffi, 2000) und um die psychologische Annahme ergänzt, daß der Schmerz des anderen nicht erkennbar ist, was zumindest Zurückhaltung verlangt, wenn nicht die Absicht zur Linderung. Was gibt es dazu zu sagen? Soviel vielleicht: Niemand läßt sich gern täuschen (viele Moralisten führen dieses Argument ins Feld, um ein universales Recht auf Wahrheit einzuklagen), manchmal aber ist es von Nutzen, wenn jemand uns zu täuschen versteht. Es kommt darauf an, wer uns täuscht, warum und mit wessen Hilfe. Krankheit ist nicht gleich Krankheit, sie ändert sich, je nachdem ob man sie allein erlebt oder in der Pflege eines Menschen, der liebevoll und im rechten Maß die Wahrheit zurechtbiegt oder verschweigt. Vielleicht ist das gar kein Problem der Ärzte (eher werden die Ärzte hinters Licht geführt! Zu eingebildeten Krankheiten und Pathologien, mit denen wir uns nicht direkt beschäftigen, siehe Vender, 1997).

Und der Weihnachtsmann? Ein Fall von Zauberei: wenn es ihn gibt, ist er sicherlich ein *Trickster*, wenn nicht, gehe man zum nächsten Kapitel.

Lügen, die Geschichte gemacht, und Wahrheiten, die getrogen haben

Lügen von Rechts wegen

Manch einer hält schon die juristische Amtssprache für verlogen. Um diese soll es hier jedoch nicht gehen, sondern um diejenigen Lügen, die explizit von den Männern des Gesetzes verlangt werden: Wenn man bei Texten von Juristen gerührt ist, die noch in der Mitte des letzten Jahrhunderts »an das Recht und die Pflicht« erinnerten, »bei jeder Gelegenheit die Wahrheit zu sagen« (Del Vecchio, 1952, S. 44), wobei sie eher das Schweigen für notwendig erachteten als die Zuhilfenahme einer Lüge, die Pflicht zur Wahrung eines Geheimnisses behaupteten, ohne daß man dafür jedoch lügen dürfe, und zur Beachtung der Maxime Manzonis aufforderten, »nie verrathen die heil'ge Wahrheit« (aus *Auf den Tod Carlo Imbonatis*), dann darf man sich angesichts ganz anderer Texte nicht empören.

Man darf auf keinen Fall den naiven Fehler begehen und vergessen, daß ein Richter die Pflicht hat, nach dem Gesetz zu urteilen und nicht nach der Wahrheit. Es überrascht nicht zu lesen, daß »es im Gerichtsverfahren keine Pflicht zur Wahrheit gibt« (Danovi, 1992, S. 251). Der Kassationshof (21. Juni 1971, Nr. 1931) hat klargestellt, daß Artikel 88 der Zivilprozeßordnung (von 1940) es den Parteien und ihren Anwälten zur Pflicht macht, sich vor Gericht »loyal und redlich« zu verhalten, aber die Parteien nicht verpflichtet, die Tatsachen wahrheitsgemäß zu schildern, schon gar nicht von ihnen verlangt, aus freien Stücken Dokumente vorzulegen, die dem gegnerischen Anwalt nutzen könnten. Die »Pflicht zur Wahrheit« gibt es nur in disziplinarrechtlicher Hinsicht: Eine Pflicht, die Wahrheit zu sagen, hat zweifellos der Anwalt, der vom Gericht eine rechtliche Maßnahme erwirken will und dazu die Fakten vorlegt, die Voraus-

setzung für diese Maßnahme sind, bei Strafe seiner disziplinar-
rechtlichen Verantwortung (als Beispiel sei der Rechtsanwalt genannt, der eine Wohnungskündigung wegen Zahlungsverzug
beantragt und wahrheitswidrig behauptet, daß die Säumigkeit
andauert).

Als logische Konsequenz formuliert die *Berufsordnung der
Rechtsanwälte* in Artikel 14 unter dem Titel »Wahrheitspflicht«:
»Vor Gericht abgegebene Erklärungen bezüglich der Existenz
oder Nichtexistenz objektiver Tatsachen, die Voraussetzung für
eine richterliche Maßnahme sind, müssen der Wahrheit ent-
sprechen« (aus dem *Codice deontologico forense, I – Le norme
deontologiche*, 1986). Dieser Artikel wurde am 17. April 1997 vom
Consiglio Nazionale Forense mit folgenden zwei Zusätzen bestätigt: »Der Anwalt ist angehalten, keine falschen Akten oder
Dokumente zu benutzen. Der Verteidiger darf insbesondere
keine Beweise oder Erklärungen von informierten Personen ins
Protokoll aufnehmen oder anderweitig verwenden, von denen
er weiß, daß sie falsch sind«, und zweitens, »der Anwalt ist angehalten, bei der Einreichung von Eingaben oder Anträgen in
der gleichen Sache auf bereits genehmigte Maßnahmen oder
auf die Ablehnung bereits beantragter Maßnahmen hinzuweisen« (*Codice deontologico*, 1997, S. 8–9).

Die Wahrheit wird erst dann zur Pflicht, wenn durch eine
Aussage ein Disziplinarverfahren oder eine Strafe, also eine
richterliche Maßnahme beantragt wird. Solange die Worte eines
Anwaltes keine richterlichen Amtshandlungen nach sich ziehen, verlangt die Berufsordnung nur vage »Loyalität« (wem
gegenüber? Dem Mandanten? Dem Staat? Der Wahrheit?) und
»Redlichkeit«. Wenn der Anwalt jedoch das Einschreiten eines
Richters beantragt, ist von ihm eine schwerzuerbringende und
gleichermaßen naive »Pflicht zur Wahrheit« gefordert. Zur
»Wahrhaftigkeit«, wird der aufmerksame Leser korrigieren, wo
er den Unterschied nun zur Genüge kennt. Nein, Wahrheit, kor-
rigiert nun seinerseits lachend der Anwalt, aber nicht jene Übereinstimmung der Sache und der Erkenntnis, über die die Philosophen diskutieren, sondern die »rechtliche Wahrheit«, völlig

richtig gefaßt als »dritte Dimension zwischen Irrtum und Wahrheit, die gesellschaftlich akzeptiert wird« (Danovi, 1990, S. 257). Mit anderen Worten, das Ergebnis der Zeugenaussagen und des Aktenstudiums (die nicht gefälscht sein dürfen, wie der *Codice* von 1997 präzisiert), was nichts mit der Abfolge der Tatsachen und ihrer richtigen, falschen oder vielleicht gar nicht möglichen Interpretation zu tun hat.

Jeder Prozeß arbeitet also an einer »fiktiven« Wahrheit, die man durchaus rechtens als Wahrheit bezeichnen kann, weil sie auf die Daten beschränkt ist, die Anwälten und Richtern zur Verfügung stehen (daher der zweite Zusatz von 1997, der dazu ermahnt, die juristische Vorgeschichte nicht zu verheimlichen); auf Grund dieser Scheinwahrheit kommt es zu einer sicheren Urteilsfindung, bei der die Buchstaben des Gesetzes und die Jurisprudenz mit einer Präzision angewendet werden, die nur wenige andere Künste erreichen. Haben Sie noch nie viel Geld verloren, weil sich der Arzt des öffentlichen Gesundheitsdienstes auf dem Rezept verschrieben hat, weil Sie ein Halteverbot falsch verstanden haben oder weil sie fünf Minuten zu spät an den Postschalter kamen? Nun, da sind Sie mit einem Reich aneinandergeraten, das unnachgiebige Regeln hat und niemandem ins Gesicht sieht, das aber eine unanfechtbare Wahrheit besitzt. Eine Art virtuelle Welt, in der derjenige das Spiel dominiert, der sie geschaffen und die Spielregeln bestimmt hat, eine Welt ohne Raum für Doppeldeutigkeiten und Widersprüche, ohne Ausnahmen und ohne Mitleid.

Vielleicht wirkt es deshalb wie eine Ironie, daß die *Berufsregeln der Rechtsanwälte der Europäischen Union* (1988 in Straßburg verabschiedet) verlangen, »der Rechtsanwalt darf dem Gericht niemals vorsätzlich unwahre oder irreführende Angaben machen« (Art. 4. 4): innerhalb der »rechtlichen Wahrheit« verführe man den Vertreter des Gesetzes nicht dazu, sich gegen die Voraussetzungen der »Wahrheit«, dieses Konstrukt des Gesetzgebers, der Anwälte und Richter, zu versündigen.

Kontrolle ist besser

Der Rest ist wieder einmal Schweigen. Die Worte eines Menschen, der sich innerhalb einer anderen Dimension bewegt, sind nicht mehr Träger von Lüge oder Wahrheit, sondern Überträger von Indizien zugunsten oder zuungunsten einer These, zu welcher der Beruf verpflichtet, auch wenn sie mit Wahrhaftigkeit wenig zu tun hat. Was geschieht, wenn diese virtuelle Welt gezwungen wird, sich eine andere fiktive Welt, die Welt der Information, zu unterwerfen, um über sie zu richten? »Fiktiv«, soviel sollte klar sein, sagen wir nicht aus Verachtung oder einem Vorurteil heraus, »fiktiv« – darauf wurde schon zu Anfang dieses Buches hingewiesen – heißt »gemacht«, »konstruiert« aus Bruchstücken der Realität, die aus unterschiedlichen Blickwinkeln erzählt wird. Weder gut noch schlecht, einfach »anders« als die Alltagserfahrung eines jeden (der wiederum ein »anderer« ist gegenüber seinem Nachbarn), ein bißchen lästig nur dann, wenn es wahrer als wahr zu sein beansprucht. Schmierige *Reality Shows* und schockierende Enthüllungs-Reportagen haben uns mißtrauisch gemacht im Umgang mit dieser Art »Monaden«, die sich wie Ausschnitte aus der Welt präsentieren und zugleich wie ein Spiegel der ganzen Welt, genau wie die von Leibniz beschriebenen Wesen.

Die Verlegenheit des Gesetzgebers ist uralt; wir sagen wahrscheinlich nichts Neues, wenn wir behaupten, daß die Zensur keine Eigentümlichkeit totalitärer Regime ist und auch keine Erfindung der spanischen Inquisition: Jede Regierung und jeder Gesetzgeber schuf sich seine Formen der Zensur und den Zwang zur Selbstzensur. Offen erklärte Formen, wie das von Platon im *Staat* über die Dichter verhängte Scherbengericht und seine Säuberung einiger Verse Homers; etwas verstohlener ausgeübte Formen, wie im kaiserlichen Rom; diabolische Frucht des Heiligen und Profanen bei den Gerichten der Inquisition. Schließlich aber war die Pressefreiheit erreicht, zuerst im »konstitutionellen« Piemont, dann im vereinigten Italien. Die in Turin am 12. Februar 1848 publizierte Verfassung formulierte: »Die Presse ist frei, wird aber durch einschränkende Gesetze näher geregelt.« Wer die Macht hat, kann je nach Bedarf vom Recht der Presse auf Freiheit oder von seinem eigenen auf Unterdrückung Gebrauch machen. Einen Monat später erklärte das *Presseedikt*, »das Hauptinstrument zum umfassenden Austausch nützlicher Gedanken«, daß »die Inanspruchnahme der Freiheit alle Gunst verliert, allsobald sie in Freizügigkeit ausartet«, deshalb »haben wir Gesetze erlassen, die bei der Ausübung der Freiheit in unseren Staaten zu befolgen sind« (*Presseedikt* vom 26. März 1848). Einundneunzig Artikel wird der liberale *Statuto Albertino* zum Schutz der Freiheit des Wortes und der Presse enthalten.

Ein Paradox, vollständig enthalten in diesem adversativen »aber« der Verfassung (die Presse ist »frei, wird aber ... geregelt«), das bei der schwierigen Begegnung dieser beiden virtuellen Welten, der des Gesetzes und der der Information, nie fehlt. Jede für sich ist sich sicher, im Besitz der Wahrheit zu sein und die Grenzen der Freiheit zu kennen. Das beweist allein schon das seit Jahren sich hinziehende Problem mit dem Berufsgeheimnis. Die neue Strafprozeßordnung von 1988 legt fest, daß registrierte Berufsjournalisten nicht verpflichtet sind auszusagen (und Praktikanten und Publizisten? Für sie gibt es kein Geheimnis), genausowenig wie Anwälte, Priester, Ärzte, Notare und andere durch das Berufsgeheimnis gebundene Berufsgruppen: Sie sind nicht gehalten, als Zeuge aufzutreten, und »die Namen von Personen zu nennen, von denen sie vertrauliche Mitteilungen im Rahmen ihrer Berufsausübung erhalten haben«. Trotzdem glaubt man sich an Prozesse gegen Journalisten zu erinnern, die ihre Quellen nicht preisgeben wollten, gefährliche und für den Staat und das Gemeinwohl sehr interessante Quellen ... Ist das möglich? Sicher, der zitierte Artikel fährt folgendermaßen fort: »Wenn diese Mitteilungen jedoch für die Beweisaufnahme in der Strafsache, in der verhandelt wird, unverzichtbar sind und ihr Wahrheitswert nur durch die Identifizierung der Mitteilungsquelle ermittelt werden kann, ordnet der Richter an, daß der Journalist seine Informationsquellen bekanntgeben muß.«

Das Gesetz konzediert das Berufsgeheimnis nur in den Schranken des öffentlichen Nutzens. Das ist eine Tatsache, wie fragwürdig und umstritten auch immer, bezeugt durch die Rechtswissenschaft, die bei jeder Gelegenheit an das unauflösliche Band zwischen Macht und Information erinnert.

Das Patent: Was oft gesagt wird, ist schließlich wahr

Wer die Macht hat und damit auch die Information kontrolliert, kennt die Moral der Novelle Pirandellos mit dem Titel *Das Patent* sehr gut: was nur oft genug mit Überzeugung wiederholt wird, gilt schließlich als wahr. Die packende Novelle erzählt von den Ängsten des gewissenhaften Richters D'Andrea, der es mit Herrn Chiàrchiaro zu tun bekommt, ein Name wie ein Witz auf den Leumund seines Trägers, denn er gilt allgemein als der Unheilbringer der Stadt, der schon beim bloßen Erscheinen oder Genanntwerden den bösen Blick wirft. Eine Figur, die in eng begrenzten Milieus gut bekannt ist: in kleinen Dörfern, in Jugendgruppen, in Büros und natürlich in den Garderoben der großen Theater. Der Herr Chiàrchiaro also, erbost über seinen Ruf, dessen Ursprung, ein Witz oder ein Zufall, sich nicht mehr ermitteln läßt, beschließt, zwei beliebige Jugendliche vor Gericht zu stellen, die bei seinem Vorübergehen sichtbare Zeichen der Beschwörung gemacht haben. Jedoch nicht, um die Last der Verleumdung abzuwerfen, sondern um diese kränkende Ausgrenzung in einen Vorteil zu verkehren, in ein Stück Macht.

Wenn das Gesetz ihn offiziell zum Unheilbringer erklärte, dann würde Rosario Chiàrchiaro endlich einen Weg finden, reich und mächtig zu werden. Dann könnte er von seinen Mitbürgern eine »Steuer« dafür eintreiben, seinem Auftraggeber oder seinem Opfer jeweils auf die Pelle zu rücken oder fernzubleiben. Sein Ruf als Mensch, der Unglück bringt (die Richter selbst glauben fest daran, denn kaum erwähnt D'Andrea seinen Fall, spreizen sie die Finger zu Hörnern, fassen an Eisen und flehen ihn an zu schweigen) hat Chiàrchiaro in den Ruin getrieben. Jetzt könnte die gleiche Leichtgläubigkeit seiner Mitbürger sein Glück bedeuten. Rosario präsentiert sich dem bestürzten Richter mit dem zurechtgemachten Gesicht des Unheilbringers: »Auf seinen geblichen hohlen Wangen hatte er sich einen struppigen und buschigen Bart wachsen lassen; auf seiner Nase saß rittlings eine große runde Brille mit beinernem Rand, die ihm das Aussehen einer Eule verlieh; dazu trug er einen mausgrauen, speckigen Anzug, der ihm um die Gliedmaßen schlotterte.« Der Richter, dieser gute Mensch, versucht ihn dazu zu bewegen, daß er seine Anzeige zurückzieht und über den Vorfall hinwegsieht, um nicht noch sichtbarer am Schandpfahl zu stehen, aber genau das ist Chiàrchiaros Absicht. Was als Dorfklatsch entstanden ist, soll offiziell werden: »Alle, alle glauben sie daran! Und wie viele Häuser hat diese Stadt, in denen dem Glücksspiel nachgegangen wird! Da muß ich mich nur zeigen; ich muß nicht einmal etwas sagen. Sie werden mich dafür bezahlen, daß ich wieder gehe. Um alle Fabriken werde ich herumschleichen, vor allen Geschäften werde ich mich aufpflanzen; und alle, alle werden sie mir die Steuer bezahlen.« Zu diesem Zweck braucht Rosario ein Dokument, das seine beängstigende Macht offiziell anerkennt, denn sie ist alles, was ihm diese »widerliche Menschheit« in ihrer Bosheit gelassen hat. Dieses Dokument wird es ihm möglich machen, mit Gewinn den Beruf des Unheilbringers auszuüben. »Auch ich will also mein Patent, Herr Richter! Das Patent des Unheilbringers. Mit Stempel. Mit Amtsstempel und allem Drum und Dran! Durch königliches Gericht patentierter Unheilbringer«.

Der paradoxe Antrag Rosario Chiàrchiaros treibt eine Tatsache auf die Spitze und erklärt sie damit: Die öffentliche Meinung hält das für wahr, was als solches ausgesagt, wiederholt und geglaubt wird, völlig unabhängig davon, wie absurd das ist, was da behauptet wird, und leider auch völlig unabhängig von den tragischen Konsequenzen, die ein solcher Glaube für den Gläubigen wie für das Opfer haben kann.

Die Macht der Fälschung

So lautet der Titel eines Essays von Umberto Eco im Sammelband *Serendipities*, der bisher noch nicht in Italien erschienen ist. Von »Serendipity« wird dann gesprochen, wenn man etwas Wertvolles wiederfindet, obwohl man es gar nicht gesucht hat. Der Ausdruck geht zurück auf den Namen der Insel Ceylon (Serendip) und auf die Fabel von H. Walpole (1717–1797), *Die drei Prinzen von Serendip*, dessen Protagonisten ständig Dinge entdecken, die sie gar nicht gesucht haben. Das bekannteste Beispiel ist die »Entdeckung« Amerikas, die sich der Suche nach dem Seeweg nach Indien verdankt, aber die Geschichte der Menschheit ist übersät mit zufälligen Erfindungen, wissenschaftlichen Entdekkungen, die bei der Verfolgung falscher Theorien herauskamen, und genialen Einfällen, die alles andere als den Nutzen der Menschheit im Sinn hatten. Ein besonderer Fall von »Serendipity« sind die Nachrichten, Begriffe und Dokumente, die im Laufe der Geschichte große Bedeutung erhielten, obwohl sie sich als falsch herausgestellt haben. Wie in Pirandellos Novelle hat die Wiederholung eines Irrglaubens, die durch Zufall, öfter jedoch durch die Organe der Macht gesteuert wird, ein blindes Vertrauen in seine Wahrhaftigkeit erzeugt und die manipulierte Information hat den Lauf der Geschichte verändert.

Die Ursache dafür liegt in jener Kraft der Lüge, die wir bereits im zweiten Kapitel aufzuzeigen versucht haben: Jede unwahre Erzählung ist eine kunstvolle »Konstruktion«, als solche viel glaubhafter als wirklich vorgefallene Ereignisse. Hier stellt sich ein ernstes Problem: Natürlich kann man *a posteriori* den Glauben für falsch erklären, der Christoph Columbus die Route nach Amerika einschlagen ließ, aber zum damaligen Zeitpunkt? Damals mußte man dem Menschen dankbar sein, der daran geglaubt hat, daß Indien auf dem Seeweg erreichbar ist. Die »Gemeinschaft«, die Pierce als obersten Richter im Prozeß der Wahrheitsfindung historischer Ereignisse einsetzen wollte, geht langsam, kollektiv und öffentlich zu Werk, kommt also immer zu spät und ist per definitionem nicht frei von ideologischen Einflüssen.

Ecos Standpunkt ist offen: »Die erste Pflicht des gebildeten Menschen ist es, jederzeit bereit zu sein, die Enzyklopädie des Wissens umzuschreiben.« (Eco, 1999, S. 21), also auch den Zweifel zuzulassen und neue Perspektiven auszuprobieren, gleich ob diese durch ein unbedeutendes Faktum des 13. Jahrhunderts neu abgesteckt werden oder ob sie völlig revolutionär sind (Und wenn es das Universum gar nicht gäbe? Die Frage ist nicht weniger ernst als der Zweifel daran, ob die Erde rund ist und sich um die Sonne dreht, der unseren Vorfahren solche Sorgen bereitet hat). Die Fakten aber, auch wenn sie bekannt sind, sind ein bißchen unheimlich. Man weiß, die Konstantinische Schenkung ist eine Fälschung. Aber niemanden hat dies bekümmert, obwohl von einigen Gelehrten Zweifel laut wurden, bis zum Einspruch von Lorenzo Valla (*De falso credita et ementita Constantini donatione*, von 1440). Das Dokument wurde als eine Urkunde von 313 (das Jahr von Konstantins Edikt) präsentiert, worin der Kaiser dem Papst Silvester I. Italien und die westlichen Provinzen vermacht; vielleicht war sie nur als damals durchaus übliche rhetorische Übung in der stilistischen Imitation vergangener Epochen verfaßt worden. Doch dieses kleine Dokument, das 754 von Papst Stephan II. als politische Waffe eingesetzt wurde, legitimierte das Entstehen des Kirchenstaates, dessen Schicksal und Einfluß auf die Geschichte bekannt ist.

Ein von Anfang an als solche entstandene Fälschung war sicherlich der sogenannte *Brief des Priesters Johannes*, der am Hof Friedrichs I. als antibyzantinisches Dokument verfaßt wurde: darin beschreibt ein angeblicher Priester Johannes die Wunder seines Reiches am Ende der Welt, wo die Menschen sich noch von Manna ernähren, fünfhundert Jahre alt werden, wobei sie sich alle hundert Jahre durch das Wasser eines Zauberbrunnens verjüngen, und wo alle ehrlich, treu und ergeben sind, denn im Reich des Priesters Johannes »hat das Laster keine Macht«.

Der im 7. Jahrhundert erneut übersetzte und abgeschriebene Brief sollte die christlichen Vorstöße in den Orient legitimieren: wer hätte wohl nicht das Verlangen gehabt, sich mit einem so gesegneten Reich zu vereinen und die Ungläubigen zu vernichten, die sich zwischen Abendland und Fernem Osten festgesetzt hatten? Wer hätte wohl nicht gehofft, im Priester Johannes einen Verbündeten bei der Wiedereroberung der heiligen Stätten zu haben, die in die Hände der Muselmanen gefallen waren. Die christliche Welt hatte ein Alibi gefunden, um die Kolonisierung zuerst Asiens und dann Afrikas in Angriff zu nehmen, und alles im Namen des Priesters Johannes, der dazu aufgefordert hatte, sein Reich aufzusuchen und die gesamte *christianitas* zu vereinigen.

Irrtümer mit Wahrheitswert

Und was soll man über die Rolle sagen, die das äußerst fehlerhafte ptolemäische System gespielt hatte? Und zwar nicht nur, was den *Aufbau* des Paradieses bei Dante angeht, sondern auch die Navigation der phönizischen Seefahrer, Erichs des Roten und natürlich unseres Christoph Kolumbus. Durch dieses falsche System wurde die Erde in Längen- und Breitengrade aufgeteilt, was uns auch heute noch von Nutzen ist. Eine letzte, reizende Falschmeldung: Wer hat gesagt, daß die Kirche die Auffassung, die Erde sei rund, behinderte? Eco rekonstruiert in seinem Aufsatz, wie ein positivistisches 19. Jahrhundert, »irritiert von der Weigerung, die heliozentrische Hypothese zu akzeptieren« in der Zeit Galileis, dem christlichen Denken auch die Auffassung zugeschrieben hat, die Erde sei flach (Russell, 1991). Es ist wahr, Lattanzio, christlicher lateinischer Autor des 4. Jahrhunderts, beschreibt die Erde als »Tabernakel«, denn er findet die Vorstellung, daß die Menschen auf einer runden und rundherum bewohnten Erde »mit dem Kopf nach unten« laufen müßten, unannehmbar. Es stimmt auch, daß im gleichen Jahrhundert ein Geograph namens Cosma von einem rechteckigen Universum schreibt, geschmückt mit einem Bogen, der den flachen »Boden« der Erde überwölbt. Aber diese Texte, die im 19. Jahrhundert als Beweis einer hartnäckigen Wissenschaftsfeindlichkeit der Kirche herangezogen wurden, wurden von den Christen des Mittelalters keineswegs in Betracht gezogen; diese beschäftigten sich nicht mit den Ideen Lattanzios und das Werk von Cosma kannten sie gar nicht, denn es wurde erst 1706 wiederentdeckt und neu publiziert.

Die Kirchenväter waren eher mit den Anschauungen der antiken Autoren vertraut, die einhellig, von Pythagoras bis Archimedes, von Parmenides bis Ptolemäus selbst, von einer runden Form der Erde ausgingen. Sie hatten höchstens die Schwierigkeit, diese Auffassung mit diesbezüglichen Auskünften der Heiligen Schrift in Einklang zu bringen, die an eine Tabernakelform denken lassen, an einen auf der Erde »ausgerollten« Himmel (»Und der Himmel wich wie eine Schriftrolle, die zusammen gerollt wird«, Offb. 6, 14) und an Grenzen, die wie die Ränder einer Ebene aussahen. Das aber war überhaupt kein Problem für jene hermeneutischen Experten, als die sich die lateinischen und griechischen Kirchenvätern hervortaten: Mußte die Bibel nicht ohnehin wie eine große Allegorie gelesen werden? Und schließlich, konnte ein Thema wie die Form der Erde überhaupt Eingang finden in die Diatriben der Theologen, die damit beschäftigt waren, den Heilsweg für die Seelen zu finden und das innerste Wesen Gottes zu ergründen? So dachten Augustinus (von Galilei wieder aufgegriffen im *Brief an Cristina di Lorena*: die Schrift lehrt, »wie man in den Himmel geht« und nicht »wie der Himmel geht«) und Isidor von Sevilla, der sich sogar an die Längenberechnung des Äquators machte (besitzt eine flache Erde vielleicht einen Äquator?). So dachte Dante, der aus dem Tunnel der Hölle tritt und sich zu Füßen des Fegefeuers wiederfindet, aber auf der anderen Seite einer zumindest rundlichen Erde, und so dachten Albertus Magnus und Thomas von Aquin, Roger Bacon und Ägidius Romanus, Nikolaus von Oresme und Johannes Buridan. Warum also behinderten die katholischen Gelehrten Kolumbus bei seinem Unternehmen? Weil sie recht hatten: Sie dachten – mal probeweise angenommen, daß die Erde rund ist, ganz zugestehen wollte man es nicht – , sie sei auf jeden Fall zu groß, als daß die Karavellen sie umsegeln könnten. Zu dieser Überzeugung kamen sie durch genaue astronomische Berechnungen und sie hatten recht. Kolumbus glaubte zu Unrecht an seinen Erfolg und segelte los. Die Erde wurde nicht umsegelt (wie es die Gelehrten vorhersahen): »Obwohl sie die Wahrheit auf ihrer Seite hatten, irrten die Weisen von Salamanca; und Kolumbus, der sich täuschte, machte mit blindem Vertrauen in seinem Irrtum weiter und bewies, daß die Wahrheit mit ihm war, dank der ›Serendipity‹« (Eco 1999, S. 7).

Wenn aus Erfundenem Recht wird: die fictio iuris

Keine Ironie des Schicksal hingegen ist die Rolle der Fiktion in der Geschichte des Rechts, das heißt jene besondere Art der »juristischen« Fiktion, die man allgemein als Tatbestand definieren kann, der Wirkungen hervorbringt, die ihm gar nicht eigentümlich sind, oder als die zum Schein erfolgende Annahme einer in Wirklichkeit fehlenden, aber vom Gesetz verlangten Voraussetzung, ohne dabei die Rechtsordnung zu verlassen. Kurioserweise ordnete das römische Recht die *fictiones iuris* in die *actiones utiles* ein, das heißt in die Kategorie von Handlungen, die zu einem ähnlichen, aber mit dem ursprünglichen nicht völlig identischen Zweck erfolgen, um auch Fälle, die im geltenden Recht nicht vorgesehen sind, beurteilen zu können: *utiles*, genauso wie die Väter die »Trostlügen« oder Lügen »um des Guten willen« definieren werden. Der größeren Klarheit zuliebe greifen wir auf ein berühmtes Beispiel zurück: Die *lex Cornelia*, unter der Diktatur Sullas zwischen 84 und 81 v. Chr. erlassen, legte fest, daß ein in Gefangenschaft gestorbener Bürger ab dem Zeitpunkt für tot galt, zu dem er in die Hände des Feindes gefallen war, also mit Ablauf seiner Freiheit; außerdem berechtigte sie dazu, die Zeit seiner Gefangenschaft als null und nichtig anzusehen, sobald es dem Bürger gelungen wäre, ins Vaterland zurückzukehren. Das Gesetz entzog nämlich den Kriegsgefangenen alle bürgerlichen Rechte (durch die *capitis diminutio maxima*), also auch das Recht, ein Testament zu machen oder die Gültigkeit eines zuvor gemachten Testamentes durchzufechten. Die *lex Cornelia* gab also dem in Gefangenschaft geratenen römischen Bürger die Rechte zurück, die ein anderes Gesetz ihm genommen hatte. Zwei Fiktionen waren dazu nötig: die Ersetzung der Gefangennahme durch den Todesfall und die Streichung der Gefangenschaft aus der Geschichte eines Bürgers, der die Freiheit wiedererlangt hatte.

Es ist jedoch zu beachten: Das Verfahren der »Fiktion« ist kein »Analogieverfahren«, bei dem die *ratio* der Rechtsvorschrift, die übertragen werden soll, auf jeden Fall gewährleistet ist, denn der Zweck der Fiktion liegt darin, diese *ratio* zu umgehen, im zitierten Fall die Kassierung der bürgerlichen Rechte des Gefangenen. Ist dieses Verfahren notwendig? Es sieht so aus, zumindest dort, wo man (wie im Fall der Römer) das geltende Recht ohne die geringste Abweichung beachten wollte, oder auch dort, wo die Vorschriften für die Rechtsfindung nicht ausreichten, wie zum Beispiel im *common law*, den Grundgesetzen des englischen Rechts, in dem sich vom 14. bis zum 17. Jahrhundert die Rechtsfiktionen häuften. Die Fiktion »hat den juristischen Fortschritt erleichtert«, »sie hat ihn zu einer Zeit möglich gemacht, in der die Wissenschaft noch nicht die Kraft hatte, die Probleme einer wirklichen Lösung zuzuführen«, ohne diese Rechtserdichtungen wäre es nur mit Verspätung oder überhaupt nicht zu vielen juristischen Neuerungen gekommen (Todescan, 1979).

Warum aber schafft man ein Gesetz nicht ab, anstatt es legal zu umgehen? Verständlich bei den Babyloniern, die es in der Stadt Nuzi bereits im 15. Jahrhundert v. Chr. verstanden haben, den Kodex von Hammurabi zu umgehen (um die Unveräußerbarkeit von Feudalgütern außer Kraft zu setzen, griff man zum Mittel der Adoption, in Wirklichkeit waren es jedoch Verkaufsakte), aber die Moderne? Ab dem 18. Jahrhundert begannen auch die Juristen des *common law* die Fiktionen zu meiden (sie wurden von Jeremy Bentham energisch mißbilligt), von denen schon das französische Rechtssystem des *civil law* recht wenig Gebrauch gemacht hatte. Aber die Inanspruchnahme der *fictio* ist in einigen Fällen immer noch unvermeidlich, beispielsweise bei der Definition der »juristischen Person« (Bettetini, 1999), die sich als *persona ficta* herausstellt, so als wäre sie eine natürliche Person, aber ohne weitere Eigenschaften der natürlichen Person, wie zum Beispiel der Möglichkeit, Familienbeziehungen zu unterhalten, Verbrechen zu begehen usw. Natürlich kann man sich darauf festlegen, daß der Begriff »juristische Person« eine Gesamtheit von Regeln und Statuten beinhaltet, aber die fictio hat eine Spur hinterlassen, zumindest in der terminologischen Fassung des Problems. Mehr als Spuren jedenfalls sind die Beispiele juristischer Fiktionen, die noch heute Anwendung finden. Ein klarer Fall ist die Rückwirksamkeit, beispielsweise bei der Teilung der Erbengemeinschaft; bei der Gültigkeit der Zivilehe, die nach italienischem Konkordatsrecht bereits bei vollzogener kirchlicher Trauung eintritt; bei nachträglicher Ungültigkeit eines Vertrags. In jedem Fall kommt die Fiktion einem Recht zu Hilfe, das sonst nicht angewendet werden könnte. War andererseits nicht bereits im vorigen Kapitel davon die Rede, daß zwischen juristischer Beurteilung und Tatsachen, die in der erfahrbaren Realität zu prüfen sind, gar keine Verbindung besteht?

Mehr Geschichte, mehr Lügen

Noch zwei Worte zur Macht des Falschen: Wir haben von der »nicht gesuchten« Unwahrheit gesprochen, oder jedenfalls von der nur teilweise für Machtzwecke eingesetzten Unwahrheit; von einer der Rechtsfindung dienlichen Unwahrheit. Jetzt darf eine explizite Beschäftigung mit den traurigen Helden der Geschichte, den echten Gewaltakten der Verleumdung und des Betrugs, nicht fehlen. Um Banalitäten und sinnloses Lamentieren zu vermeiden, beschränken wir uns auf die Anführung einiger Texte in der Bibliographie, verweisen also auf viele Bücher, die mal die Christen, mal die Kommunisten als Kinderfresser schildern oder die auf erschreckende Weise das »Verschwinden« von Personen auf Staatsphotos zeigen oder die einfach Dokumente zu einer der ergiebigsten Beschäftigungen enthalten, der Verleumdung. Als ideale Waffe, um einen Feind, ein feindliches Volk oder eine feindliche Rasse zu erledigen, hat die Verleumdung den Vorteil, daß sie sich von alleine ausbreitet, daß sie den Verleumder mit einer Aura der Rechtschaffenheit umgibt und daß vom Verleumdeten auch im seltenen Fall eines groben Dementis der Schatten des Zweifels und des Verdachts nicht weichen will. Damit wird er nicht nur von der Ausübung öffentlicher Ämter ausgeschlossen, sondern er, seine Familie und die wenigen, die ihm noch die Stange gehalten haben, sind für immer gebrandmarkt.

Es genügt eine Kleinigkeit, ein Blick, ein Witz, eine rhetorische Frage, um den Verdacht und in seiner Folge die Wut zu entfesseln, das erneute Aufwallen gedämpften Grolls, von nie erklärtem Neid und Rachegelüsten, die einen Sündenbock brauchen. Sokrates und Boetius, Savonarola und Morus sind berühmte Opfer, unsterblich geworden dadurch, daß sie durch Verleumdung zu Tode kamen. Aber wie viele Unbekannte gibt es? Wie viele Opfer des heutigen *Mobbing*, das vielleicht nicht physisch tötet, auch wenn dies im Bereich des Möglichen liegt, das aber Existenzen, Familien, hart erarbeitete Sorglosigkeit und das Vertrauen in sich selbst zerstört? Verleumden ist nicht schwierig, wir haben es im *Othello* erfahren. Man muß kaum lügen, es genügt, eine bestimmte Lesart für wirklich vorgefallene und allen bekannte Tatsachen vorzuschlagen, Beziehungen zwischen Sätzen und Ereignissen zu suggerieren, Szenarien zu rekonstruieren, in denen alles seinen Platz hat, immer unter dem Schutzschirm des Hypothetischen natürlich, um dann einen Verdacht zu lancieren. Weitere berühmte Namen tauchen auf, doch hören wir lieber auf die Erfahrung des guten Maigret, den klugen Kenner unserer kleinlichen Schwächen.

In der französischen Provinz, in der das Geschöpf von George Simenon seiner Detektivarbeit nachgeht, aber auch in den verschiedenen Milieus von Paris, in den Freudenhäusern und den Adelspalästen, überall fürchtet Maigret nichts so sehr wie ein besonderes Hindernis der Gerechtigkeit: die Lynchjustiz des Volkes, ob verbal oder physisch. Der Schuldige muß entdeckt und in der Regel auch der Justiz überantwortet werden, doch es ist das Gesetz, das seine Schuld festzustellen hat, nicht der Zorn der Mitbürger, nicht der Neid der Zukurzgekommenen, die Eifersucht der betrogenen Ehefrauen. Der dicke, friedliche, doch nie ruhige Kommissar schützt die Gauner, die er jagt. *Maigret hat Angst* ist der Titel eines der vielen Krimis, die in einer kleinen Provinzstadt spielen, in der die Abneigung gegen die reichste Familie des Ortes mit Händen zu greifen ist: Wahrscheinlich ist der Schuldige ein Mitglied dieser Familie, wie sich am Ende tatsächlich herausstellt, doch Maigret hat Angst vor dem, was eine Meute anrichten kann, die einen Schuldverdacht nicht von der Gewißheit unterscheiden kann und zudem von persönlichen, in langen Jahren des Zusammenlebens gewachsenen Motiven nach Revanche getrieben ist.

Maigret hat Angst und gleiches empfindet man auch bei der Lektüre des kleinen Buches von Martin Luther *Über die Juden und ihre Lügen*, 1543 publiziert und später von der Nazipropaganda mißbraucht. Voller Lebenskraft und Deftigkeit wie in allen seinen Büchern zaudert der ehemalige augustinische Mönch in diesem kleinen Buch keine Sekunde, den gerechten Zorn Gottes aufzurufen, der sein Volk offensichtlich verstoßen habe. Gott muß es ertragen, daß sie damit prahlen, von den heiligen Vätern abzustammen, sie »plagen« ihn mit ihren Geschichten, während wir alle doch, Juden wie Heiden, »in Sünden geboren sind«. Die Juden sind aber ein »boshaftes, halsstarriges Volk«, sie »sind die ruhmredigen, hoffärtigen Schelme, die bis auf diesen Tag nichts mehr können, als sich selbst rühmen ihres Stammes und Geblütes, sich allein loben und alle Welt verachten und verfluchen in ihren Schulen, Gebeten und Lehren.« »Sie sind die rechten Lügner und Bluthunde, die nicht allein die ganze Schrift mit ihren erlogenen Glossen, von Anfang bis noch daher, ohn' Aufhören verkehret und verfälscht haben.«

Die Juden haben die Propheten verfolgt, sie haben die Werke von den Worten geschieden und sie hielten sich für das auserlesene Volk durch die Beschneidung, aber für sie gelten die gleichen Bibelworte, die auch für die Papisten gelten: »Der Hund frißt wieder, was er gespien hat; die Sau wälzt sich nach der Schwemme wieder im Kot« (2 Petr. 2, 22). Die Juden sind verdammt, denn obwohl sie das Gebot Gottes besitzen, achten sie es nicht: »Ebenso mögen die Mörder und Huren, Diebe und

Schälke und alle bösen Menschen rühmen, daß sie Gottes heilig, sonderlich Volk sind, weil sie sein Wort haben«. Anstatt es aber zu befolgen, prahlen sie damit und stecken »voll Hoffahrt, Neid, Wuchers, Geizes und aller Bosheit«. In diesem Tonfall ist der erste Teil von Luthers Buch gehalten, während sich der zweite Teil unter Heranziehung zahlreicher Schriftstellen um die Widerlegung der »zehn Lügen«, der zehn Gebote jüdischen Glaubens und Lebens, dreht. Interessanter ist der letzte Teil, wo er sich fragt, »was sollen wir Christen nun tun (…)?«, und folgendermaßen beginnt: »Ich will meinen treuen Rat geben.« Endlich ein bißchen Ehrlichkeit nach so vielen Lügen.

»Erstlich, daß man ihre Synagoga oder Schule mit Feuer anstecke und, was nicht verbrennen will, mit Erde überhäufe und beschütte, daß kein Mensch einen Stein oder Schlacke davon sehe ewiglich.« (wie die von den »Studenten Gottes«, den Taliban gesprengten Buddhastatuen?)

»Zum anderen, daß man auch ihre Häuser desgleichen zerbreche und zerstöre.« »Zum dritten, daß man ihnen nehme alle ihre Betbüchlein und Talmudisten, darin solche Abgötterei Lügen, Fluch und Lästerung gelehret wird.« Daß man ihnen das freie Geleit und die Straße verbiete, sie zu niedrigen Arbeiten zwinge, aus dem Lande vertreibe, sobald man festgestellt hat, daß sie mit ihrem Geld den Herrschaften zu nichts mehr nütze sind. Das alles müsse getan werden, »um unsere Seelen zu retten vor den Juden, also vor dem Teufel und der ewigen Verdammnis«, zumal ihre zahlreichen Morde, auch solche an Kindern, die die Juden an den Heiden, aber auch untereinander begangen haben, bekannt sind. Luther hat dieses »Büchlein« auf Wunsch des Grafen Wolf Schlick von Falkenau geschrieben, der wissen wollte, wie man sich gegen die Juden wehrte. Er hoffe, er habe soviel dazu beigetragen, »daß er sich der blinden, giftigen Juden nicht allein wohl erwehren kann, sondern auch der Juden Bosheit, Lügen, Fluchen muß feind werden und begreifen, daß ihr Glaube nicht allein falsch, sondern sie gewißlich mit allen Teufeln besessen sind«.

Die Macht der Wahrheit

War soviel Verbissenheit, soviel Groll beim Verleumden notwendig, brauchte es all diese Vorwürfe der Lüge? Vielleicht noch im 16. Jahrhundert, aber nicht vierhundert Jahre später, als ein anderes Buch erschien, das ähnliche Ideen und Vorschläge verbreitete, ohne dabei zu lügen. Wie viele haben tatsächlich das ganze Buch gelesen, das der junge Adolf Hitler 1925 im Gefängnis von Landsberg Rudolf Hess in die Feder diktierte? Der Text ist klar, luzid, unverhohlen, völlig unzweideutig: »Sie (die völkische Weltanschauung) glaubt somit keineswegs an die Gleichheit der Rassen, sondern erkennt mit ihrer Verschiedenheit auch ihren höheren oder minderen Wert und fühlt sich durch diese Erkenntnis verpflichtet, gemäß dem ewigen Wollen, das dieses Universum beherrscht, den Sieg des Besseren, Stärkeren zu fördern, die Unterordnung des Schlechteren und Schwächeren zu verlangen. Sie huldigt damit prinzipiell dem aristokratischen Grundgedanken der Natur und glaubt an die Geltung dieses Gesetzes bis herab zum letzten Einzelwesen«. Das Programm von *Mein Kampf* spricht eine klare Sprache: »Wir aber werden, und zwar in den Formen des Angriffs, (...) unserem Volk die Stufen bauen, auf denen es dereinst in den Tempel der Freiheit wieder emporzusteigen vermag«. Aus der Millionenmasse der Menschen, denen die Notwendigkeit einer neuen Zukunft mehr oder weniger klar vor Augen steht, »muß (...) einer hervortreten«, der fähig ist, die Massen nach »granitenen Grundsätzen« zusammenzuschweißen und sich der Idee der »Rassengleichheit« zu widersetzen, diesem »Gift«, das es in Europa zwar schon gab, das aber erst durch den »Juden Karl Marx« und durch das Bürgertum Verbreitung fand.

Die bessere Menschheit, mit der die Zukunft aufwartet, kann nur aus Ariern bestehen. Sie sind »das höchste Ebenbild Gottes«, eine »überlegene Rasse«, eine »Herrenrasse«, welche die Mittel zur Herrschaft über die ganze Welt besitzen und alle vernichten wird, die nicht zu dieser Rasse gehören. Das einzige Recht des Menschen, das als »heiligste Verpflichtung« aufgefaßt wird, besteht darin, »daß das Blut rein erhalten bleibt«. Daraus leitet sich die notwendige Unterdrückung der Kranken und Schwachen ab, die erzwungene Vereinigung der schönsten Körper und besten Gehirne, alles dient der Veredelung der Rasse (schon in Platons *Staat* gab es diese Idee, wie Popper nicht versäumte zu bemerken). Hauptfeind ist die »Tyrannei des Weltjudentums«, das Modell religiöser Fundamentalismus, Schwächen gibt es noch in der rhetorischen Kunst, die der junge Hitler jedoch in zwei Jahren gelernt haben will. Auf siebenhundert Seiten des Traktats fährt er in dieser Weise fort, ohne sich in Exzessen oder Anklagereden zu zerstreuen: die Organisation der »Bewegung«, die Außenpolitik, die Erziehung der Jugend, die ersten Expansionsschritte, an alles hat er gedacht. Deutschland wird den Rang einer Weltmacht erreichen und mit der Eroberung der Ländereien im Osten beginnen. Die Sowjetunion wird zusammenbrechen, denn sie ist in der Hand von Juden, die sie nicht zu verteidigen wissen. Der Jude geht seinen »verhängnisvollen Weg weiter, solange, bis ihm eine andere Kraft entgegentritt und in gewaltigem Ringen den Himmelsstürmer wieder zum Luzifer zurückwirft«. Es fehlen noch acht Jahre bis zur Machtergreifung durch die nationalsozialistische Partei. Hat ihr Führer vielleicht betrogen, gelogen, seine wirklichen Ziele versteckt?

Hitlers Aufrichtigkeit, auch seinen Gefolgsleuten gegenüber, ist quälend: »Ein Staat, der im Zeitalter der Rassenvergiftung sich der Pflege seiner besten rassischen Elemente widmet, muß eines Tages zum Herrn der Erde werden. Das mögen die Anhänger unserer Bewegung nie vergessen, wenn je die Größe der Opfer zum bangen Vergleich mit dem möglichen Erfolg verleiten sollte.« Mit diesen Worten schließt das Buch, das keine Zweifel an den Intentionen und Methoden des zukünftigen Führers läßt. In den folgenden Jahren wird er in seinen stets klaren Reden und Proklamationen darauf zurückkommen und immer werden sie von der rhetorischen Kraft der Begeisterung für eine als Ideal erlebte Übertreibung getragen sein. Konnte kein Deutscher das voraussehen, wissen, etwas dagegen unternehmen?

Kein ausländischer Beobachter? Keine machtvolle Opposition? Keine Unterstützung der Opposition durch liberale, kommunistische oder jedenfalls nicht-nationalsozialistische Staaten?

Der vielleicht tragischste Betrug des vergangenen Jahrhunderts wurde unter Zuhilfenahme der Wahrheit und ihrer Macht begangen. Eben diese Macht der Wahrheit, die auch Mussolini dazu brachte, sich im Parlament des Mordes an Matteotti für schuldig zu erklären und in einem Vorwort (er nannte es »Präludium«!) zum *Fürsten* von Machiavelli zu schreiben, daß »es Regime, die den Konsens suchen, nie gegeben hat, nicht gibt und wahrscheinlich nie geben wird«. Nur die Waffen verteidigen die Verfassung, den Staat und das Volk (»Präludium« zu *Der Fürst* von Niccoló Machiavelli, 1940).

Auch die Lügen anderer Volksführer, von Robespierre bis Stalin, wiegen natürlich schwer. Hannah Arendt sieht die Wurzel der Lüge in der Illusion, eine Welt schaffen oder aufbauen zu können, die sich von der realen unterscheidet. Diese Illusion treibe die Länder in den Krieg, sie wollen den Stand der Dinge ändern, so als wäre etwas »Anderes« als die aktuelle Situation möglich: ein Akt der Gewalt und der Lüge zugleich, denn die Gnade der Naivität könne dieser Illusion nicht gewährt werden.

Das ist wahr, doch dürfen wir die Ermahnung von Alexandre Koyré nicht vergessen, der 1943 auf die »Lüge zweiten Grades« hinwies, also auf dieselbe Lüge, der wir zum Teil bereits bei Luther und danach in verstörender Klarheit bei Hitler begegnet sind: »Es stimmt,« schreibt der Wissenschaftshistoriker, »daß Hitler, wie alle, die totalitären Regimen vorstanden, sein Aktionsprogramm öffentlich angekündigt hat. Er hat dies deshalb gemacht, weil er genau wußte, daß ihm die ›anderen‹ nicht glauben würden, daß seine Erklärungen von den Nicht-Eingeweihten nicht ernstgenommen würden; gerade dadurch, daß er ihnen die Wahrheit sagte, war er sich sicher, seine Gegner zu betrügen und in die Irre zu führen«. Es handle sich »um eine alte Machiavellistische Technik, eine Lüge zweiten Grades, die perverseste aller Techniken, denn sie verwandelt die Wahrheit in ein simples Betrugsinstrument«.

Die Macht der Hypothese: die Lügen der Wissenschaft

Die Wissenschaftler hingegen haben verschiedene Möglichkeiten zum Betrug. Darin sind sie gegenüber den Politikern im Vorteil, sie müssen die Wahrheit nicht so formulieren, daß sie von den Uneingeweihten nicht verstanden werden und sie müssen nicht die Unwahrheit sagen, um das Volk im Namen seines oder ihres eigenen Wohls hereinzulegen. Wie man schon zu Beginn des Kapitels gesehen hat, steht den Wissenschaftlern eine breitere Skala an Möglichkeiten offen (für eine Zusammenfassung siehe Di Trocchio, 1993). Beginnen wir bei den leichten, läßlichen Lügen: Geisteswissenschaftler, die Beispiele aus der Physik oder Mathematik benutzen, ohne die Sachkenntnis dafür zu besitzen. Ihnen galt zum Beispiel der berühmt gewordene Spott von Alan Sokal, der einen »falschen« Essay geschrieben und ihn der amerikanischen Zeitschrift *Social Text* geschickt hat. Er trug den post-strukturalistischen und absurden Titel »Transgressing the Boundaries. Toward a Transformative Hermeneutics of Quantum Gravitiy«. In einer krampfhaft dekonstruktivistischen Sprache behauptete der Physiker, daß die modernsten Abteilungen der Physik die philosophischen Thesen Derridas, Lacans, Lyotards und anderer zeitgenössischer Denker bestätigt hätten. Der Aufsatz wurde im Frühjahr 1996 veröffentlicht und in der Folge von Sokal selbst als Streich entlarvt. Er schrieb, der Scherz sei ihm gelungen, weil er eine Sprache benutzt habe, die »gut klingt« und die Vorurteile der Herausgeber der Zeitschrift bediente (Sokal, 1997).

Doch das sind Sticheleien, Querelen zwischen Geisteswissenschaftlern und »soliden« Naturwissenschaftlern. Das eigentliche Problem besteht darin, daß, wer Wissenschaft betreiben will, Vertrauen haben muß (in eine Hypothese, in das, was vor ihm gesagt wurde und was die anderen sagen) und sich vertrauensselig in die *Weltanschauungen* stürzen muß, die Kahn zutreffend mit dem Begriff »Paradigmen« beschrieben hat, um dann die Elemente einer Revolution zu entdecken, die das Ausgangssystem umstürzen. Fabbri (1992) spricht von »Glaubwürdigkeitszyklen« und zitiert unter anderem den Fall Summerlin, ein Biologe, der behauptete entdeckt zu haben, wie sich Hauttransplantationen bei Individuen verschiedener Gattungen durchführen lassen. Als der Schwindel platzte, verstieß man Summerlin aus der Gemeinschaft der Wissenschaftler, mußte aber in einem Artikel in *Science* von 1974 das peinliche Eingeständnis machen, daß einige der von ihm erbrachten Forschungsergebnisse richtig waren.

Sehr oft kommt es vor, daß diese »Fälschungen« nicht wirkliche Betrugsversuche sind, sondern Veränderungen von Daten im Hinblick auf Hypothesen, die zu einem späteren Zeitpunkt bewiesen werden könnten, »rhetorische Prolepsen, die verschiedenen Zwängen geschuldet sind, zum Beispiel ökonomischen, für deren Entwicklung noch die Zeit fehlt« (Fabbri, 1992, S. 253). Im 17. Jahrhundert fühlte man in England das Bedürfnis, sich sogenannter »Virtuosen« als Assistenten zu bedienen, das heißt möglicherweise ignoranter, aber ehrenwerter Mitglieder der besseren Gesellschaft, um die Gültigkeit wissenschaftlicher Experimente abzusichern, denn diese »als Vertreter der ›Tugend‹ garantierten durch ihre Präsenz, daß die sozialen Bedingungen für die Akzeptanz der wissenschaftlichen Entdeckungen gegeben waren«. In diesem Zusammenhang gehört der schon bei Holton vorkommende Begriff der »Suspendierung des Unglaubens«. Diese soll es dem Wissenschaftler ermöglichen, die Gegenbeweise zu seiner Hypothese wenigstens so lange zu verheimlichen, bis sie allgemein akzeptiert wird. Betrug? Übertriebene Schutzmaßnahme, zum Schaden der neuen Theorie selbst?

Oft lenkt ein Betrugsvorwurf die Aufmerksamkeit auf eine Hypothese, die dann einer viel genaueren Prüfung als andere unterzogen wird und schließlich sogar Anerkennung findet. Es läßt sich nur schwer angeben, wie man dem Irrtum am besten aus dem Weg geht, leicht aber läßt man sich von den Worten Bacons, eines der Gründer des modernen Empirismus, in den Bann ziehen: »Sprich eine Lüge aus und du findest die Wahrheit. Als ob die Verstellung der beste Weg wäre, die Wahrheit zu finden.«

Vom Vergnügen des Lügens

Das süße Gift der Täuschung

Wer der Dichtung lauscht, auf den »dringt (…) schreckenerregender Schauder ein und tränenreiche Rührung und wehmütiges Verlangen, und in Fällen von Glück und Unglück für fremde Angelegenheiten und von fremden Personen leidet die Seele stets vermittelt durch Reden ein eigenes Leiden«. Ein zauberhaftes Gefühl, so zauberhaft, dass es den Autor dieser Zeilen, Gorgias von Leontinoi (ca. 485–370 v. Chr.), zu Worten drängt, die zum Manifest der Kunst aller Zeiten werden sollten: »Wer täuscht ist gerechter als der, der nicht täuscht, und wer getäuscht wird, ist weiser als der, der nicht getäuscht wird«. Gorgias' theoretische Voraussetzung ist die absolute Unerkennbarkeit und Nichtmitteilbarkeit des Seins. An diesem großen Denker, der in den Handbüchern in die große und recht unbestimmte Gruppe der »Sophisten« verbannt wurde, interessieren uns weniger der Streit mit Parmenides noch Platons Argwohn ihm gegenüber. An diesem Sizilianer, der einer Legende zufolge über hundert Jahre alt wurde, »denn er hatte niemals etwas getan, um einem anderen zu gefallen«, und der als der Erfinder rhetorischer Figuren gilt, die nur er meisterhaft einzusetzen wußte, besticht eher die Radikalität seiner Sprachtheorie. Sprache ist zweifellos und notwendigerweise trügerisch, denn, so argumentiert er feinsinnig in seinem Werk *Über das Nichtseiende oder über die Natur*, das nur in späteren Darstellungen überliefert ist, »nichts existiert und selbst wenn es existierte, wäre es einem anderen nicht mitzuteilen, denn das Wahrnehmbare und die Rede sind verschieden. Niemand hat eine Vorstellung, die der Vorstellung eines anderen gleich wäre«.

Warum sich also die Mühe machen und einem Instrument Wahrhaftigkeit zusprechen, das per definitionem ungeeignet ist, Wahrheiten zu vermitteln? Lieber solle man vom Wort eine Leistung verlangen, die es wirklich gewähren kann: »Die göttlichen Beschwörungen durch Reden nämlich werden zu Freudenbringern und Entführern von Leid.« Nicht beliebige Reden jedoch, die » Wirkkraft der Beschwörung« ist nur dem kunstvoll eingesetzten Wort eigentümlich, der Poesie und der Prosa; die eine betört die Seele und die andere täuscht den Verstand. Helena aus Sparta, Frau von Menelaos, mit Paris geflohen oder von ihm geraubt und Ursache eines jahrzehntelangen Unheils für Troja und ganz Griechenland, »ist gewiß von der Verleumdung zu befreien«: Wenn sie mit Gewalt entführt wurde, so ist sie zu bedauern und nicht zu verurteilen; wenn sie durch die Worte des trojanischen Prinzen verführt wurde, so ist sie zu entschuldigen, denn die »Rede ist ein großer Bewirker; mit dem kleinsten und unscheinbarsten Körper vollbringt sie göttlichste Taten: vermag sie doch Schrecken zu stillen, Schmerz zu beheben, Freude einzugeben und Rührung zu mehren«. Vor allem aber kann die Rede der Seele Gewalt antun, sie kann sie zu allem überreden, völlig unabhängig vom Willen des Zuhörers. Wenn Helena also durch das Wort verführt wurde, dann wurde sie gewaltsam verführt und verdient ebenfalls Mitleid, gerade so, als wäre sie leibhaftig dem Ehemann geraubt worden. So liest man im *Lobpreis der Helena*, wo das Wort auch als *Pharmakon* bezeichnet wird, also mit dem gleichen doppeldeutigen Begriff, der bereits von Platon im *Staat* im Zusammenhang mit den Lügen der Regierenden gebraucht wurde: *Pharmakon* bedeutet nämlich sowohl »Medizin« als auch »Gift«. Die Sprache ist nach Gorgias auf jeden Fall trügerisch: Die Heuchelei all derjenigen, die behaupten beurteilen zu können, ob eine Aussage wahr oder falsch ist, muss bekämpft werden. Man sollte eher der Aufforderung folgen und der Gewalt des Wortes positive Seiten abgewinnen.

Die Wirklichkeit ist anders

In einer Welt, die nicht einmal sicher existiert, in der alles unge-
wiss, weil alles möglich und zugleich unmöglich ist, ermutigt
Gorgias dazu, sich durch die Wortgebilde der Reden und Gedichte täuschen zu lassen. Alle täuschen, wer explizit täuscht,
»ist gerechter« als derjenige, der es unbeabsichtigt oder heimlich tut; alle werden wir getäuscht, »weiser« ist nur derjenige,
der sich auf das magische Spiel einlässt und sich täuschen lässt,
ohne so zu tun, als könne er das Wahre vom Falschen unterscheiden, denn diese Unterscheidung ist ihm auf jeden Fall ver-
baut. Es ist besser, wenn sich die Seele dem Leiden hingibt, der
Freude, dem Schmerz und dem Mitleid, den von der Dichtung
geweckten Gefühlen. Das bringt ihr Vorteil und Genuss. Schon
im folgenden Jahrhundert wird sich Aristoteles mit der *Kathar-
sis* beschäftigen, der Reinigung der Leidenschaften durch »Jam-
mer und Schaudern«, hervorgerufen durch die Mittel der Tragödie (*Poetik*, 6, 1449, b 27–28). Er sagt jedoch ausdrücklich,
»daß es nicht Aufgabe des Dichters ist mitzuteilen, was wirklich
geschehen ist, sondern vielmehr, was geschehen könnte, das
heißt das nach den Regeln der Wahrscheinlichkeit oder Notwendigkeit Mögliche.« (*Poetik* 9, 1451 a.37–40), während der Histo-
riker »wirklich Geschehenes« erzählen muss. Nur dem Dichter
ist die Entfernung von der Realität erlaubt, aber auch er muss
mit ihr durch Wahrscheinlichkeit und Logik verknüpft bleiben.
Von Homer sagt Aristoteles dann auch, er habe »den übrigen
Dichtern auch besonders gut gezeigt, wie man Täuschungen an-
bringen kann« (24, 1460a 19).

Für den Stagirer sind »wahr« und »falsch« Redeweisen beim
Sprechen über das Seiende; dieses ist also nicht nur, man kann
auch von ihm sprechen, wenngleich »in mehreren Bedeutungen« (*Metaphysik* 1003 a 33–34). Gorgias hat eine andere Sicht
auf die Welt, er geht von einer selbständigen Rolle der Reden aus
und gesteht der Kunst des Wortes die Macht zu, die Seele zu ver-
zaubern oder zu vergiften, gerade so, wie es das *Pharmakon* mit
dem Körper vermag. Über dieselbe Macht verfügen auch die

darstellenden Künste, »die Schöpfung von Statuen und die Herstellung von Bildwerken bietet für die Augen eine Krankheit der Lust. So schmerzt das eine und weckt Verlangen das andre von sich aus in seinem Anblick. Vieles aber erregt in vielen nach vielem Eros und Verlangen, nach Sachen und nach Körpern«. Möglich ist dies durch die absolute Unzuverlässigkeit der Sinne. Es gibt deshalb keinen Grund, bei einem Unglücksfall stärkere Gefühle zu empfinden als bei seiner Darstellung: wo alles unwahr oder zumindest nicht sicher ist, da ist die künstlerische Darstellung mit Sicherheit wirksamer und »wahrer« als die sinnliche Erfahrung. Auch hier wieder aus dem gleichen Grund, der schon in den ersten Kapiteln, aber auch im letzten im Zusammenhang mit der Verleumdung genannt wurde. Die Lüge ist im allgemeinen »glaubwürdiger« als die Wirklichkeit, denn sie ist vorsätzlich konstruiert, also plausibel, ohne Widersprüche, sie entspricht den Erwartungen derer, die auf sie hereinfallen. Die Wahrheit dagegen ist oft unvorhersehbar, verunsichernd, skandalös.

Daher rührt der erheiternde Wert des Kunstgenusses, wenn nicht sogar ihr therapeutischer, wie Aristoteles behauptete: Durch den Spiegel von Alice, diesen »weichen Schleier«, betreten Leser, Zuhörer und Zuschauer mehr oder weniger wahrscheinliche Welten, gewiss aber Welten, die »anders« sind als die eigene. Welten mit genauen Regeln, vom Autor seinem Modell-Leser diktiert; sie lassen verschiedene Interpretationen zu, aber sicher nicht unendliche. Sie führen den Leser, der die Aufgabe hat, das Werk zu »schließen«. Diese Aufgabe muss er im Schutz des Spiegels, der inzwischen hinter ihm liegt und ihn von dieser lästigen Alltagsrealität trennt, erledigen. Vielleicht ist es ihm aber auch möglich, in der Ruhe des Lebens »jenseits des Spiegels« den Schlüssel zum Verständnis dieser flüchtigen Realität zu finden, aus der sein eigenes Leben besteht. Obwohl uns bewußt ist, Fiktionen zu lesen, »werden wir nicht darauf verzichten, literarische Fiktionen zu lesen, denn sie sind es, in denen wir nach einer Formel suchen, die unserem Leben einen Sinn gibt. Im Grunde suchen wir unser Leben lang nach einer

Geschichte unseres Ursprungs, die uns sagt, warum wir geboren sind und warum wir leben. Manchmal suchen wir nach einer kosmischen Geschichte unseres Ursprungs, der Geschichte des Universums, manchmal nach unserer persönlichen Geschichte (die wir unserem Beichtvater oder unserem Analytiker erzählen oder einem Tagebuch anvertrauen). Manchmal hoffen wir, unsere persönliche Geschichte mit der des Universums in eins zubringen« (Eco, 1994, S. 183).

Die Lügen der Kunst

Wir lesen die Werke der Phantasie und tun so, als würden wir daran glauben. Wir greifen zur »Suspendierung der Ungläubigkeit«, die uns schon bei den Wissenschaftlern, die die Gegenbeweise zu ihren Hypothesen verheimlichen, über den Weg gelaufen ist. Wir wissen, dass wir Lügen lesen, betrachten oder hören, aber wir verzeihen ihrem Autor, denn wir stecken mit ihm unter einer Decke, wir wissen, dass auch er Opfer eines Nicht-Wissens ist.

Die »literarische Lüge« baut ein Universum aus Göttern, Lebenden und Toten auf. Eben deshalb ist sie keine beliebige Form der Lüge, sie ist eine erklärte, akzeptierte und vor allem eng begrenzte Lüge. Eine literarische Person hat gewisse Eigenschaften, aber sie hat sie nur im Rahmen eines begrenzten Kontextes. So sind zwar ideell unbegrenzt viele Interpretationen möglich, aber unbegrenzt ergänzen lässt sich die literarische Beschreibung nicht (Garroni, 1994, S. 32–33). Wenn es von einem Prinzen heißt, er sei blond, kann ich dann daraus folgern, dass er auch blaue Augen hat (trotz der vom Autor vielleicht gewollten Assoziation von blauem Prinz und Augen eben solcher Farbe)? Kann ich ihn mir groß und mit breiten Schultern vorstellen? Als tüchtigen Kavalier, kühnen Haudegen und treuen Liebhaber? Nein, eben nicht. Wenn der Autor diese Eigenschaften nicht genannt hat, dann kann der blonde Prinz ebenso einen Buckel und braune Augen haben, völlig ungeschickt mit dem Degen sein und, schlimmer noch, ein Feigling in der Liebe. Der Autor erschafft die Welt, in die ich eintrete, er legt durch Andeutungen oder explizite Beschreibungen ihre Grenzen fest, innerhalb derer meine Phantasie und meine Erfahrung dem Bau etwas hinzufügen können, um das Werk fertigzustellen, um es zu »beenden«.

Man könnte an diesem Punkt fragen, ob ein Verfahren wie das von René Girard in *Mensonge romantique et vérité romanesque* zulässig ist. In seinem Buch von 1961 überprüft er seine Theorie der engen Beziehung zwischen Individuum, begehrtem Objekt und Vermittler, also das diabolische »Dreieck«, indem er die Werke von Autoren wie Cervantes, Flaubert, Stendhal, Proust und Dostojewskij vergleicht. Sind die »Modelle« von Don Quijote und von Emma Bovary, das heißt, die Prototypen des fahrenden Ritters und der Heroinen aus den *Feuilletons* des 19. Jahrhundert, »wahre« Modelle und bilden sie »wahre« Dreiecke? Wahrscheinlich hat sich Girard den oben beschriebenen Mechanismus zunutze gemacht: Da der literarischen Person enge Grenzen gezogen sind und da es keiner Kontrolle unterliegt, sich etwas auszumalen, was nicht gesagt wurde, wird sie zum idealen Objekt von psychologischen, soziologischen und anthropologischen Analysen und Experimenten. Warum genügt es, Iphigenie zu sagen, und jeder denkt sofort an das unschuldige Opfer? Weil das alles ist, was wir von ihr wissen. Wir wissen nichts von Licht und Schatten im Leben dieser Frau, die keineswegs so unschuldig war, so wenig wie jeder andere.

Die literarische Lüge, aber auch die Lügen der bildenden Künste, kurz, die Lüge der künstlerischen Darstellung schlechthin, ermöglicht die Beherrschung einer Realität, die zum Teil auf unsere eigene verweist (im Grunde ist uns nichts *fremd*, was das Menschliche betrifft), jedoch auch »anders« ist. Sie ist begrenzt und lebt ihr eigenes Dasein. Manchmal bleibt der Schmerz über den Verlust einer schöneren und spannenderen Welt zurück, manchmal auch die Erleichterung, aus einem Alptraum wieder erwacht zu sein. Genial war der Einfall von Oskar Wilde, der in seinem Dialog *Der Verfall der Lüge* von 1889 in der Kunst mehr erkannte als nur eine lügnerische Erzählung (auch wenn sie ihren Ursprung in der Phantasie eines frühen primitiven Jägers haben soll, der ein nie erlebtes Abenteuer erfand): Wilde zufolge liefert die Kunst den Sinnen, der Vorstellungskraft und dem Geist das transzendentale Raster, das ihm den Genuss einer ansonsten sinnfreien Realität ermöglicht, schlimmer noch, den Genuss einer feindlichen Natur: »die Natur ist unbequem«, sie ist »so teilnahmslos, so verständnislos«. Die menschliche Natur ist ein »schreckliches universelles Etwas«, zu dem die »moderne« Literatur, das heißt, der poetische Realismus des ausgehenden 19. Jahrhunderts, hinführen will. »Die Tatsachen« haben eine »ihnen gebührende untergeordnete Stellung« einzunehmen oder sie sind aus den Werken auszuschließen, denn »ihre Einwirkung lässt alles erstarren«. Die Tatsachen beschmutzen eine Kunst, die ihre Vollkommenheit in sich selbst hat: »Sie ist eher ein Schleier als ein Spiegel. Sie hat Blumen, die nie ein Wald gekannt, Vögel, die keine Waldlandschaft je besessen hat. Sie lässt Welten entstehen und vergehen, sie vermag den Mond mit einem Scharlachfaden vom Himmel zu ziehen.« – »Ein Wort von ihr, und der Frost legt seinen silbernen Finger auf den glühenden Junimond, und die geflügelten Löwen schleichen aus den Höhlen der lydischen Hügel hervor.«

Dichtung und Wahrheit

Die Kunst, die wirkliche Kunst, ahmt das Leben nicht nach, sie inspiriert es. Wir kennen die Melancholie, weil Shakespeare den Hamlet geschaffen hat. Wir lieben das »zitternde weiße Sonnenlicht«, weil wir Monet und Pissaro vor Augen haben. Die Sonnenuntergänge? Aus der Mode gekommen wie die Bilder von Turner. Wenn man gegen den furchtbaren Realismus ist und die »Kunst der Lüge« pflegt, dann werden »die Tatsachen als etwas Schmachvolles gelten, die Wahrheit wird man über ihre Fesseln trauern sehen und die Dichtung mit ihrer Wundernatur zieht wieder übers Land«. »Drachen werden in verödeten Gefilden hausen, und aus seinem Feuernest wird der Phönix auffliegen, (...) über uns wird das Blaukehlchen fliegen und vom Wunderbaren und Unmöglichen singen, von Dingen, die lieblich sind und die niemals geschahen, von Dingen, die nicht sind und die sein sollten.«

Vivian, dem Wilde in diesem Text – er nennt ihn eine »Betrachtung« und nicht Erzählung – seine Stimme leiht, scheint im Fieber zu sprechen, aber trotz der beinahe morbiden Faszination seiner Worte sollte man nicht übersehen, dass sein harter Angriff auf den Realismus nicht ganz der Vernunft entbehrt. Vivians aristokratische und unsympathische, eigentlich inakzeptable Verachtung der menschlichen Natur und der Natur überhaupt, die ihn zur Weltflucht treibt (man denke nur an Dorian Gray, der sich vor seinen Gedanken in sinnliche Vergnügen flüchtete und umgekehrt), geht einher mit seiner Verachtung einer Kunst, die »normale« Personen, »anonyme« Tatsachen und den langweiligen Alltag darstellt und sich dabei im Recht glaubt, weil sie meint, lebensnäher zu sein. Wilde täuscht sich hier nicht. Man kann wohl ethische Sympathien für eine Kunst empfinden, die sich für Sozialkritik und einen Realismus stark macht, der nicht nur ästhetisches Manifest, sondern auch Anklage ist. Über die Naivität ihrer Begriffe jedoch wird man sich ein Schmunzeln nicht verkneifen können (»Verismus«, »Realismus«): Auch wenn es die Familie Malavoglia wirklich gegeben hat, – sollte Verga bei der Beschreibung der Ereignisse und der Personen tatsächlich nichts Eigenes dazu getan haben?

»Wer schreibt, muß ständig zwischen zahllosen Ausdrücken wählen, von denen ihm keiner – besonders nicht ohne die anderen – genugtut«, lässt Marguerite Yourcenar den imaginären Schreiber des Briefes formulieren, aus dem das kurze Werk *Alexis oder der vergebliche Kampf* von 1929 besteht. Keine Wahl befriedigt vollständig, weil eine Entsprechung angestrebt wird zwischen dem Geschriebenen und dem »in Wirklichkeit« Empfundenen, auch wenn es sich im Fall von Alexis um eine Fiktion (der Brief) innerhalb einer Fiktion (das Werk der Autorin) handelt. Die gleiche Unzufriedenheit teilte auch Manzoni, so dass ihm »eine pessimistische Auffassung von der Macht des Wortes« nachgesagt wurde (Eco, 1998, S. 51). Sie drückte sich in der Notwendigkeit aus, durch die Beschreibung der Gesten und der Handlungsweisen mehr zu sagen als durch die Redewiedergabe der beteiligten Personen. Schon auf den ersten Blick wissen wir alles von der Nonne aus Monza: ihr Leben hinter Gittern, die Enge trotz ihres Ordensgewandes, die Locke, die unter der Haube hervorschaut. Der an der Pest erkrankte Rodrigo will seinen Zustand nicht hinnehmen. Trotz »einer hässlichen Beule von schwarz-blau-violetter Färbung« behauptet er, es gehe ihm gut. Rodrigo lügt und auch Griso lügt, als er ihm Treue schwört und sofort danach die Leichenträger ruft. Eine deutlichere Sprache sprechen die Tatsachen, ihre Beschreibung kommt den wenig wahrheitsgetreuen und wenig informativen Dialogen zu Hilfe.

Das Misstrauen Manzonis ist ein einziger Trost für alle, die den Gegenstand von Wildes perfiden Anklagen fürchten: den Anspruch auf Realismus. Ein *immer* unangebrachter Anspruch, der die Dichter (oder Journalisten) nur dann vor der Anklage der Verlogenheit rettet, wenn zum Text (oder Film oder was auch immer) klar erkennbar die eigene Sichtweise auf die »Dinge« präsentiert wird, wenn klar ist, ob er aus Kritik, aus Wut oder einer Spielerei heraus verfasst wurde. »Getäuscht wird durch die Dichtung niemand«, sagt Weinrich im gleichen Text, in dem er die Metapher vor der Anklage, verlogen zu sein, in Schutz nimmt. »Nicht etwa, weil keine Täuschungsabsicht da wäre: Die Dichter haben ja die Absicht zu dichten. Aber es sind, wenn Dichtung Lüge ist, immer auch die Lügensignale da. Dichtung gibt sich als Dichtung. Alle traditionellen Gattungsmerkmale sind zugleich Signale, dass dieser gesprochene oder gedruckte Text Dichtung ist, nicht Wahrheit« (Weinrich, 1966, S. 77).

Die Fiktion der Wahrheit

Die »Lügensignale« sind manch einer literarischen Gattung implizit, in anderen Fällen müssen sie expliziert werden. Ein Buch, das als Roman ausgewiesen ist, eine Erzählung, die mit

»es war einmal« beginnt, die Verse eines Gedichtes, das alles sind deutliche Hinweise darauf, dass es sich nicht um das Leben, sondern um eine Interpretation handelt: »Aus wieviel Lügen wurde fabriziert / die Wahrheit, die man uns so bieder präsentiert?« Mit diesem Zitat schließt das Vorwort zum Roman *Besessen* von Antonia S. Byatt, der davon erzählt, wie sich wahre Lebensläufe, Lebensläufe von Dichtern und ihre Gedichte miteinander verflechten. Solche Signale fehlen oft, wo sie es nicht dürften. Eine journalistische Berichterstattung ist keine objektive Beschreibung, so wenig wie die Schilderungen der Personen im Film *Rashômon*. Sie ist eine Ansammlung ausgesuchter und neu arrangierter Daten. Sie enthält wahre Elemente, dazwischen jedoch finden sich Hypothesen, Vermutungen, Assoziationen. Sie mögen berechtigt sein oder nicht, immer jedoch sind sie abhängig vom Autor und den Direktiven seines Verlegers. Der Bericht eines Journalisten – und das ist gar nicht so paradox, wie es scheint – sendet ständig »Wahrheitssignale«, Formulierungen wie »aus gut unterrichteter Quelle«, Berufungen auf einen Herrn Mayer, der mit dem Umfeld des Täters »sehr vertraut« ist, die Nachbarn, die »zuverlässig« aussagen, schließlich waren sie ganz nah am Geschehen. Oder »es besteht der begründete Verdacht«, mit anderen Worten, alle verdächtigen und damit ist es fast wahr. Sind nicht gerade das die Elemente, die sich im Verlauf unserer kurzen Untersuchung als Hinweise auf die schlausten und ausgeklügelsten Lügen erwiesen haben? Die Summierung gesicherter Tatsachen und Vermutungen, der Hinweis auf Verbindungen, die Andeutung eines Verdachtes und alles abgesichert durch Beteuerungen der Beweisbarkeit wie im Fall des »ehrlichen« Jago. Lügen die Journalisten? Gewiss nicht. Möglicherweise schießen sie beim Einsatz von Worten und Bildern über das Ziel ihrer Arbeit hinaus und vergessen in der Eile des Nachrichtengeschäftes, dass Worte und Bilder nur ihre Mittel sind. Leider sind auch sie nicht im Besitz der Wahrheit. Was können sie also tun? Vielleicht würde es schon helfen, sich daran zu erinnern, dass sie Dritten Dinge erzählen, die sie von anderen gehört haben. Und sich bei Gelegenheit zu entschuldigen, sofern das nicht zuviel verlangt ist, ohne sich wie Jago auf das Schweigen zu verlegen, wenn herauskommt, dass die eilfertig gezimmerten Verdächtigungen völlig unbegründet waren.

»Lügensignale« finden sich dagegen reichlich in einer sehr unterhaltsamen Gattung der Literatur: der lügnerischen Kunst, Lügner zu beschreiben.

Bühnenreife Lügner

Wir alle kennen die Figur des Lügners, das heißt jene Person, die im Verlauf des Textes oder im Theater fortlaufend Lügen zum Besten gibt. Vor allem auf der Bühne, denn der eingefleischte Lügner ist eigentlich eine Maske der Komödie, die auf der Bühne mehr hergibt als in einem geschriebenen Text, auch wenn die Zahl der Romane mit einer »Lüge« oder einem »Lügner« im Titel nicht geringer wird. Diese Schlagworte faszinieren immer und versprechen Verkaufserfolge. Diese Manie hat offensichtlich auch auf das Kino übergegriffen: *Geheimnisse und Lügen, Die verborgenen Wahrheiten, Die Farbe der Lüge, Die Dinge, die ich dir verschwiegen habe,* sind Filmtitel, die einem sofort einfallen. Dabei spielt die Lüge in diesen Filmen keine oder nicht ausschließlich die Hauptrolle und die Maske des Lügners erscheint gar nicht. Wer immer lügt, wird unglaubwürdig, wie wir bereits bei Machiavelli und Monsignor della Casa erfahren haben. Im Theater hat der Gewohnheitslügner eine feste Rolle bekommen. Die Komödie *Der glorreiche Hauptmann,* von Titus Maccius Plautus um 205 v. Chr. geschrieben, erzählt die abenteuerliche Geschichte des aufgeblasenen Angebers Pyrgopolynices, der in der Schlußszene vom Gesinde des Nachbarn mit Stockschlägen behandelt wird und die Prügel als gerechte Strafe für seine übertriebene Prahlerei akzeptiert. Plautus' Komödie bezieht sich explizit auf den griechischen Text eines ungenannten Autors mit dem Titel *Alazon,* »Prahler«. Die griechische Lügenkomödie par excellence jedoch ist *Der Lügenfreund,* geschrieben von Lukian Samosatensis im 2. Jahrhundert unserer Zeit.

Lukian ist jedoch zu klug und raffiniert, als dass er uns einen simplen Lügner präsentieren würde. Seine Komödie bietet eine kunterbunte Demystifizierung der zeitgenössischen Magie und eine treffsichere Satire auf die Leichtgläubigkeit der Massen, aber nicht die Figur, die wir suchen, den Lügner in Reinkultur.

Welche andere Epoche hätte diese Figur wieder entdecken und mehr aus ihr machen können als das 17. Jahrhundert? Von 1634 ist die Komödie *La verdad sospechosa* von Juan Ruiz de Alarcón, aus der sich Corneille Anregungen zu *Le menteur* (1643), einem Stück, das ihm den Tadel von Voltaire eingetragen hat (*Remarque sur »Le menteur«*), und zu *La suite du menteur* (1644–1645) holte. *Il bugiardo* von Carlo Goldoni ist von 1750.

Goldonis Stück wird von Weinrich im Zusammenhang mit den »Lügensignalen« zitiert, die nichts anderes als die üblichen Wahrheitsbeteuerungen sind. Wie zweihundert Jahre später die Hauptfigur in *Le menteur* von Cocteau behaupten wird: »Je n'ai menti que pour vous dire que je mentais«, so äußert sich auch gleich zu Anfang der Held von *Il bugiardo*: »Seit ich Vernunft besitze, bin ich nicht imstande, die Wahrheit auch nur im geringsten zu entstellen!« (I, 11, 39). Und bleibt sich treu bis ans Ende: »Wenn ich noch eine Lüge sage, soll ich auf der Stelle tot hinfallen.« (III, 5, 109). Lelio lügt immer und er belügt alle, er lügt sich in die Tasche, er ist ein pathologischer Lügner. Am Ende sind es nicht die Knüppel, die auf ihn niedersausen, sondern die Schicksalsschläge der Ereignisse, aber nur weil bei Goldoni die Prügel zwar immer angedroht, aber nie verabreicht werden.

Lelio und Arlecchino

Der große Reiz von Goldonis Komödie liegt nicht so sehr in den zwanghaften Lügengespinsten Lelios, als in dessen Gegenüberstellung mit seinem Knecht Arlecchino. Auch er ist ein Lügner und Prahlhans, aber einfacher gestrickt, naiv und vor allem vorsichtig, vielleicht weil er um seine Unterlegenheit weiß. Er kennt die Grenzen seines Talentes, jemanden hinters Licht zu führen, und die reale Gefahr einer Tracht Prügel. Darin ähnelt er dem *Trickster*, dem tolpatschigen Lügengeist vieler religiöser Kulturen. Der Knecht fragt, wie Lelio es fertigbringe, so viele Lügen zu erfinden, ohne die Dinge durcheinanderzubringen, und der Herr antwortet: »Dummkopf! Das sind keine Lügen! Das sind geistvolle Erfindungen, die der Fruchtbarkeit meines raschen, glänzenden Witzes entspringen« (I, 4, 9). Arlecchino versucht es Lelio nachzutun, er belügt Colombina und gibt sich gelehrt (»Ach, beraubt mich der rosigen Dunkelheit Eurer Schönheit nicht«), er fühlt sich jedoch keineswegs im Unrecht: »Ich würde meinen Herrn direkt beleidigen, ginge ich aus seinem Dienst, ohne vorher hunderttausend Lügen gelernt zu haben!«

Rasch treten Komplikationen ein. Lelio ist gezwungen, sich von einer Lüge in die nächste zu flüchten, und die Intensität der entsprechenden »Signale« nimmt zu: »Der Himmel behüte mich, dass ich eine Unwahrheit sage«; »Ich bin nicht imstande, die Wahrheit auch nur im geringsten zu entstellen«. Über sich selbst sagt er: »Er war geradezu das Idol von ganz Neapel und am Bemerkenswertesten ist, dass sein Herz ehrlich und aufrichtig bleibt, ja, dass es ihm unmöglich scheint, jemals eine Unwahrheit zu sagen.« Lelios Vater Pantalone ist erschüttert von der Menge und der Schwere der Lügen seines Sohnes und weist ihn auf bemerkenswerte Weise zurecht: Man darf nicht lügen, durch Lügen verliert man seine Glaubwürdigkeit und diese ist das größte Kapital eines Kaufmanns. Wahrheit? Loyalität? Liebe (Opfer der Lügen sind immer betrogene junge Frauen)? Goldoni lässt keinen Zweifel, man lügt nicht, denn wer als Lügner bekannt ist, verkauft nichts mehr; dies die Moral der Komödie. »Wo zum Teufel hast du den Stoff für diese Erfindungen aufgetrieben? Ein braver Mann zeichnet sich nicht durch Herkunft, sondern durch seine Taten aus. Der Kredit des Kaufmanns besteht darin, immer die Wahrheit zu sagen. Unser größtes Kapital ist das Vertrauen. Wenn du kein Vertrauen mehr findest, wenn du keinen guten Ruf hast, wirst du immer ein

Mensch sein, dem man misstraut, ein unredlicher Kaufmann, unwürdig dieser Stadt, meines Hauses unwürdig, unwürdig, sich des ehrlichen Namens der Bisognosi zu rühmen« (III, 5, 70).

Pantalone und Arlecchino ertragen das Übermaß an Lügen nicht. Arlecchino nicht wegen seines gesunden Menschenverstandes, den Goldoni dem Volk nie abspricht (»Schweigt!«, ruft der Diener schließlich seinem Herrn zu); Pantalone nicht, weil er in Lelios Verworfenheit den Ruin des einzigen Familienschatzes sieht, ihren Ruf als ehrliche Kaufleute. Die Moral, ganz im Einklang mit den Geboten des Bürgertums des 18. Jahrhunderts, bringt Ottavio abschließend zum Ausdruck: »So dienen wir der Wahrheit und erfahren durch das Schicksal unseres Lügners, wie der Mensch lächerlich wird, untreu und allgemein verachtet, wenn er lügt.« Es sei denn, man ist ein so begnadeter Lügner, dass jeder Realitätssinn verloren geht. Das ist Arlecchino nicht (der sich vornimmt, nie wieder Lügen zu sagen, nur die eine oder andere »geistvolle Erfindung«), das ist auch Lelio nicht, der die geliebte Frau und seinen guten Ruf verliert. Der Archetyp des literarischen Geschöpfes, Hamlet von Helsingör, ist so ein begnadeter Lügner.

Hamlet und Dylan Dog

Die Figur, die zum Scherz oder aus vorgespielter Verrücktheit der Geliebten unerreichte Liebesgedichte schreibt, verzichtet auch bei dieser Gelegenheit nicht darauf, sein wahres Wesen zu zeigen, den Lügner, der noch innerhalb der Lüge des Theaters lügt. Das sind seine Verse: »Doubt thou the stars are fire, / Doubt that the sun doth move, / Doubt truth to be a liar, / But never doubt I love« (*Hamlet,* II, 2), von Schlegel folgendermaßen übersetzt: »Zweifle an der Sonne Klarheit, / zweifle an der Sterne Licht, / Zweifl', ob lügen kann die Wahrheit, / Nur an meiner Liebe nicht.« Zu den Hyperbeln, dass der Sonne Klarheit fehle (dass sie sich nicht bewege, immerhin ein Jahrhundert vor Galilei) und den Sternen das Licht, gesellt sich die Unterstellung, dass auch die Wahrheit lügen kann. Sicher, das wäre absurd, und doch behauptet es Hamlet, als unmögliche Möglichkeit. Was kümmerte Hamlet schon die Beschaffenheit der Sterne und der Sonne? Aber viel lag ihm daran, sagen, vielleicht sogar beweisen zu können, dass auch die Wahrheit lügen kann, denn dies ist der wahre Zweck seines Handelns. Von seiner Inkarnation des *villain* war schon die Rede, der negativen Person schlechthin, aber nun lässt sich noch ergänzen: Hamlet schauspielert bewußt während der ganzen nach ihm benannten Tragödie. Die Masken wechseln, doch werden sie offen getragen: Schon im ersten Aufzug erklärt er unverhohlen, dass er anderes zur Schau stellt als das, was der »Mensch« Hamlet im Herzen trägt. Doch wenn er nach außen hin schon nichts anderes zeigt als Trauer und Niedergeschlagenheit, was wälzt er dann im Gemüt? Der Prinz von Dänemark tut nicht so, als freue er sich über die Heirat der Mutter, er verbirgt seine Trauer um den Vater und seinen Hass auf den Onkel keineswegs, auch seine Melancholie und Traurigkeit verheimlicht er nicht: Was verbirgt er, wenn all das, einschließlich seiner schwarzen Tracht und des »stürmischen Geseufz'« nur »Gebärden sind, die man spielen könnte« (I, 2)?

Das ist »nur des Kummers Kleid und Zier«. Der Kummer, den er in sich trägt, »ist über allen Schein«. Hamlet kann ihn nicht aussprechen, so beschließt er zu lügen. Er spielt echte Trauer, aber es ist nicht »seine« Trauer. Er sucht Zank und Streit, doch weniger, als er möchte. Er spielt einen grundlosen und tragischen Wahnsinn vor, Ursache des Todes Unschuldiger, weil er mit einer Realität nicht zurecht kommt, die »seinen« Schmerz nicht hört. Nur in Gesellschaft der Schauspieler, verächtlichen und aus den anständigen Städten verbannten Zeitgenossen, scheint er wieder aufzublühen (Shakespeare hatte zu leiden, bevor er Mäzene und Beschützer fand), aber auch das ist ein Zeichen der Doppelbödigkeit, zu der Hamlet gezwungen ist. Die berühmten Worte, mit denen der Prinz von Dänemark den Komödianten den Sinn ihrer Arbeit illustriert (III, 2) – zu Recht als Shakespeares theoretisches Testament zum Theater betrachtet – , gehen von der Voraussetzung aus, Zweck der Schauspielerei sei es, »der Natur gleichsam den Spiegel vorzuhalten«. Der einzige Weg, die Wahrheit zu begreifen (diese Wahrheit, die auch trügerisch sein könnte), besteht darin, sie im Lügenspiegel des Theaters zu betrachten. Das Theater ahmt sie zwar nur nach, kommt ihr aber näher als das Leben. Schwierig? Nein, »so leicht wie Lügen«, würde Hamlet antworten, der so den falschen Freund Güldenstern verspottet, als er ihn auffordert, Flöte zu spielen. Das könnte dem Höfling Güldenstern zeigen, sofern er in der Lage wäre zu begreifen, dass Hamlet den Betrug der beiden Gesandten des Königs und Onkels durchschaut hat. Nur das Lügen fällt wirklich leicht und tatsächlich scheint Hamlet den Tod des Vaters nur durch ein Lügenpuzzle rächen zu können, bis zum Schluss, als alle Beteiligten sterben und sich Schweigen über die Bühne senkt. So setzt er während des Spiels eine Fiktion nach der anderen in Szene, in der Überzeugung, dass, wenn sogar die Wahrheit sich als trügerisch herausstellen könnte, es besser ist zu lügen. Denn die Lüge, wie es zu Anfang hieß, beherrscht man besser.

Auch Dylan Dog verhält sich nicht anders, der »Forscher der Alpträume« aus der Hand des Zeichners Tiziano Sclavi: Unter der Voraussetzung, dass die Grundfrage des Lebens heißt »wohin gehe ich?« (*Accadde domani*, in Sclavi, 1995), kommt Dylan leichter mit allem zurecht, was aus seinen Alpträumen auftaucht, in die er (vielleicht) wieder abtaucht, als mit der Frage, wie er den Abend gestalten soll, nachdem ihn die Schöne des Tages sitzengelassen hat. Außerirdische, Tote, die ins Leben zurückkehren, um sich plötzlich wieder aufzulösen, schwarze Männer, die Kinder fressen, nichts ist so schlimm, wie die Stromrechnung zu bezahlen oder, das größte Problem überhaupt, einen Abend allein, ohne Frauen und ohne Alpträume, zu verbringen. Nicht einmal der unwiderstehliche Dylan weiß, wie sehr seine Fälle die Frucht der kranken Phantasie seiner Opfer, seiner eigenen und der aller anderen sind: Aber es sind »Fälle«, es gibt einen Bösen (Zombies, Marsmenschen, Dämonen unterschiedlichster Art) und es gibt die Guten, die es zu beschützen gilt. Das gelingt Dylan in der Regel auch. Warum diese furchtbare Mühe, sie zu einem Abendessen zu überreden oder diese lästigen Geldprobleme? Ist es nicht leichter, wieder in den Alptraum abzutauchen, um zu forschen, zu kämpfen und ziemlich sicher zu siegen?

Literaturverzeichnis

Accetto, Torquato (1641): *Von der ehrenwerten Verhehlung*. Berlin 1995.
Almansi, Guido: *Bugiardi. La verità in maschera*. Venedig 1996.
Anolli, Luigi/Ciceri, Rita: *La voce delle emozioni. Verso una semiosi della comunicazione vocale non-verbale delle emozioni*. Mailand 1992.
Aristoteles: *Metaphysik*. Berlin 1990.
ders.: *Poetik*. Stuttgart 1982.
ders.: *Die Nikomachische Ethik*. Zürich 1951 und 1967.
Augustinus (395): *Die Lüge und Gegen die Lüge [De mendacio]*. Würzburg 1953.
ders. (389–390): *De magistro*. Stuttgart 1998.
ders. (426): *Die Retractationen*. Paderborn 1976.

Bettetini, Maria: »Riflessioni storico-dogmatiche sulla regola *quod omnes tangit* e la *persona ficta*«. In *Il diritto ecclesiastico*, anno 110, fasc.3, 1999.
Boccaccio, Giovanni (1349–1353): *Das Dekameron*. München 1991.
Bok, Sissela (1978): *Lügen: vom täglichen Zwang zur Unaufrichtigkeit*. Reinbek bei Hamburg 1980.
Brinton, Daniel Garrison (1868): *Myths of the New World*. Philadelphia.
Byatt, Antonia S.: *Besessen*. Frankfurt a.M. 2001.

Caffi, Claudia: *La mitigazione : un approccio pragmatico alla comunicazione nei contesti terapeutici*. Pavia 2000.
Campanella, Tommaso: *Philosophische Gedichte*. Frankfurt a.M. 1996.
Carroll, Lewis: *Alice hinter den Spiegeln*. Frankfurt a.M. 1974.
Casagrande, Carla/Vecchio, Silvana: *I sette vizi capitali: storia dei peccati nel Medioevo*. Turin 2000.
Casagrande, Carla/Vecchio, Silvana: *I peccati della lingua. Disciplina ed etica della parola nella cultura medievale*. Rom 1987.
Castelfranchi, Cristiano/Poggi, Isabella: *Bugie, finzioni, sotterfugi. Per una scienza dell'inganno*, Rom 1998.
Castiglione, Baldassare (1528): *Der Hofmann. Lebensart in der Renaissance*. Bremen 1960; Auswajl: Berlin 1996
Celsus: *Wahres Wort*. Aalen 1969.
Cicero, Marcus Tullius (44 v. Chr.): *De officiis/Vom pflichtgemäßen Handeln*. Stuttgart 1980.
ders. (55 v. Chr.): *De oratore/Über den Redner*. Stuttgart 1997.

ders. (59 v. Chr.): *Rede für Lucius Flaccus*, in: Reden. Bd. 5. Zürich/München 1978.

Collodi, Carlo (1883): *Pinocchios Abenteuer*. Frankfurt a.M. 1990.

Danovi, Remo: *L'indipendenza dell'avvocato*. Mailand 1990.

ders.: *Corso di ordinamento forense e deontologia*. Mailand 1992.

Del Vecchio, Giorgio: *La verità nella morale e nel diritto*. Rom 1952.

Della Casa, Giovanni (1551–1555): *Der Galateo*. Heidelberg 1988.

Descartes, René (1639): *Meditationen über die Grundlagen der Philosophie*. Hamburg 1994.

Detienne, M./ Vernant, J.-P. (1974): *Les ruses de l'intelligence. La mètis des Grecs*. Paris 1999.

Di Trocchio, Federico: *Le bugie della scienza. Perché e come gli scienziati imbrogliano*. Mailand 1993.

Dostojewski, Fjodor M. (1877): *Traum eines lächerlichen Menschen*, in: Dostojewski: Werke Bd. 7. München 1959.

Eco, Umberto (1975): *Semiotik. Entwurf einer Theorie der Zeichen*. München 1987.

Eco, Umberto (1994), *Im Wald der Fiktionen: sechs Streifzüge durch die Literatur*; Harvard-Vorlesungen (Norton Lectures 1992 – 93). München 1994.

Eco, Umberto (1998): *Lüge und Ironie : vier Lesarten zwischen Klassik und Comic*. München/Wien 1999.

Eco, Umberto: *Serendipities. Language and Lunacy*. San Diego/New York 1999.

Ekman Paul: *Gesichtsausdruck und Gefühl*. Paderborn 1988.

Erasmus von Rotterdam (1511): *Das Lob der Torheit*. Frankfurt a.M. 1986.

Fabbri, P.: »Le bugie scientifiche«, in: Marrone (Hg.), 1992.

Fumagalli Beonio Brocchieri, Mariateresa: *Le bugie di Isotta. Immagini della mente medievale*. Rom/Bari 1987.

Garroni, Emilio: *Osservazioni sul mentire e altre conferenze*. Castrovillari 1994.

Gentile, M. T.: *L'albero di Pinocchio*. Rom 1982.

Girard, René (1961): *Mensonge romantique et vérité romanesque*. Paris 1976.

Goldoni, Carlo (1750): *Der Lügner*, in: Lustspiele, Bd.1. Darmstadt 1957.

Golemann, Daniel(1985): *Menzogna, autoinganno, illusione*. Mailand 1998.

Gorgias von Leontinoi: *Reden, Fragmente und Testimonien*. Hamburg

1989.

Gregorius: *Moralia in Iob libri 11 – 22*, S. Gregorii Magni Moralia in Iob libri XI–XXII. Turnholti 1979.

Grotius, Hugo (1621): *Prolegomeni al diritto della guerra e della pace*. Bologna 1961.

Guarducci, Margherita: *Epigrafia greca*, vol. III. Rom 1974.

Hachet, P.: *Le mensonge indispendable. Du trauma social au mythe*. Paris 1999.

Hitler, Adolf (1925): *Mein Kampf*. München 1932.

Hobbes, Thomas (1651): *Leviathan oder Stoff, Form und Gewalt eines kirchlichen und bürgerlichen Staates*. Frankfurt a.M. 1996.

Homer: Werke in zwei Bänden. Berlin/Weimar 1992.

Jankélévitch, Vladimir (1942): *Du mensonge*, 2e éd., refondue et augmentée. Lyon 1945.

Kant, Immanuel (1775–1781): *Von den Pflichten gegen andere Menschen, und zwar von der Wahrhaftigkeit*, in: Kant, I., Von den Träumen der Vernunft, Kleinere Schriften zur Kunst, Philosophie, Geschichte und Politik. Leipzig/Weimar 1979.

ders. (1777): *Vom Betrug und vom Schein*, in: Werke, Bd.25, 2. Berlin 1923.

ders. (1785): *Grundlegung zur Metaphysik der Sitten*. Hamburg 1999.

ders. (1797): *Über ein vermeintliches Recht aus Menschenliebe zu lügen*, in: Werke Bd. 8, Abhandlungen nach 1781. Berlin 1923.

Kilty, Jerome (1960): *Geliebter Lügner*. Velber b. Hannover 1961

Koyré, Alexandre (1943): *Réflexions sur le mensonge*. Paris 1998.

LaRochefoucauld, François de (1665): *Spiegel des Herzens. Seine sämtlichen Maximen*. Zürich 1988.

Lavagetto, Mario: *La cicatrice di Montaigne. Sulla bugia in letteratura*. Turin 1992.

Loyola, Ignatius von (1548): *Geistliche Übungen*. Freiburg 1999.

Luther, Martin (1543): *Von den Juden und ihren Lügen*, in: Ausgewählte Werke, Ergänzungsreihe Bd.3. München 1938.

Machiavelli, Nicolò (1523): *Der Fürst*. Leipzig 1963.

Manganelli, Giorgio (1992): *Pinocchio. Ein Parallelbuch*. Frankfurt a. M. 1990.

Mann, Thomas (1953): *Die Betrogene*, in: Gesammelte Werke, Bd.8. Frankfurt a.M. 1960.

Marrone, G. (Hg): *»la menzogna«. Quaderni del circolo semiologico siciliano*, 34–35. Palermo 1992.

Maynard Smith, J.: »Do animals convey information about their intentions?«. In: *Journal of Biology*, n. 97, 1982.

Millán-Puelles, Antonio: *El interés por la verdad*. Madrid 1997.

Mortara Garavelli, B.: *Le parole e la giustizia*. Turin 2001.

Mussolini, Benito: »Preludio«, in: Machiavelli, N., *Il principe*. Rom 1940.

Nietzsche, Friedrich (1873): *Über Wahrheit und Lüge im außermoralischen Sinne*. Leipzig 1929.

Nigro, S. (Hg.): *Elogio della menzogna*. Turin 1990.

Novellino, Michele: *La sindrome di Pinocchio. I »forzati« della bugia*. Mailand 1996.

Piccaluga, G.: 'Mendace segno di vita'. *Giustificazione sacrale e mediazione grafica del travisamento del vero nel mondo greco*. In: Marrone (Hg.) 1992.

Pirandello, Luigi (1922): »La patente«, in: *Novelle per un anno*. Mailand.

Placido, Beniamino: *Tre divertimenti*. Bologna 1990.

Platon: *Der Sophist*. Hamburg 1967.

ders.: *Der Staat*. Darmstadt 1971.

Radin, Paul (1956): *Der göttliche Schelm. Ein indianischer Mythen-Zyklus*. Hildesheim 1979.

Raimondi, E.: *La dissimulazione romanzesca. Antropologia manzoniana*. Bologna 1990.

Rodari, Gianni (1958): *Gelsomino im Lande der Lügner*. Stuttgart 1996.

Rosier, I. : »*Les développements médiévaux de la théorie augustinienne du mensonge*«. In: *Hermés: Cognition, Communication, Politique*, n.15. Paris 1995.

Russell, Jeffrey Burton: *Inventing the flat earth*. New York 1991.

Saba Sardi, Francesco: *Gonçalvo o della menzogna*. Viareggio-Lucca 1999.

Said, Edward W..: *Götter, die keine sind. Der Ort des Intellektuellen*. Berlin 1997.

Schelotto, Gianna: *Perché diciamo le bugie*. Mailand 1996.

Schopenhauer, Arthur (1840): *Preisschrift über die Grundlage der Moral*, in: Sämtliche Werke, Bd. III. Frankfurt 1986.

Schroeter-Reinhard, Alexander: *Die Ethica des Peter Abaelard*. Freiburg/Schweiz 1999.

Sclavi, Tiziano: *Tutti i misteri di Dylan Dog*. Milano 1995.

Scribano, E.: »L'inganno divino nelle *Meditazioni* di Descartes«. In *Rivista di Filosofia*, Bd. XC, Nr. 2, 1999.

Sextus Empiricus: *Gegen die Dogmatiker.* Texte zur Philosophie Bd.10, 1998.

Shakespeare, William (1598–1601): *Hamlet/Othello.* Berlin 2001.

Sidgwick, Henry (1874): *Die Methoden der Ethik.* Leipzig 1909.

Sokal, Alan/ Bricmont, Jean: *Eleganter Unsinn: wie die Denker der Postmoderne die Wissenschaften mißbrauchen.* München 2001.

Solomon, R. C.: »What a tangled web: deception and self-deception in philosophy«. In: Lewis, M./ Saarni, C. (Hg.): *Lying and Deception in Everyday Life.* New York 1993.

Sorrentino, Vicenzo: *Il potere invisibile. Il segreto e la menzogna in politica.* Bari 1998.

Spinoza, Benedictus de: *Die Ethik.* Stuttgart 1977.

Sullivan, Lawrence E.: »Tricksters«. In: Eliade, M. (Hg.): *The Encyclopedia of Religion.* New York/London 1987.

Swift, Jonathan: *Gedanken über mancherlei Dinge,* in: Satiren und Streitschriften. Zürich 1993.

Swift, Jonathan (1726): *Gullivers Reisen.* München 1999.

Thomas von Aquin (1269–1274): *Summa theologica.* Graz.

Todescan, Franco: *Diritto e realtà. Storia e teoria della fictio iuris.* Padova 1979.

Vender, Simone: *La maschera della finzione. Realtà, verità, e bugia nel rapporto tra malato e istituzione curante.* Rom 1997.

Vergil: *Aeneas,* in: Werke in einem Band. Berlin 1984.

Weinrich, Harald: *Linguistik der Lüge.* München 2000.

Wilde, Oskar (1889): *Der Verfall der Lüge,* in: Sämtliche Werke, Bd.7. Frankfurt a. M. 1982.

Yourcenar, Marguerite: *Alexis oder der vergebliche Kampf.* München 1993.

Wagenbachs andere Taschenbücher

Baldassare Castiglione   Der Hofmann
Lebensart in der Renaissance
Berühmte Tischgespräche aus der Renaissance über Sitten und
Kultur, Lebensart und den Umgang von Frauen und Männern mit-
einander. Mit seinen Thesen zu Bildung und Selbsterziehung er-
weist sich Castiglione weit über seine Zeit hinausgreifend als Weg-
bereiter von Tugenden und Maßstäben, die heute noch gelten.
Aus dem Italienischen von Albert Wesselski
Mit einem Nachwort von Andreas Beyer
WAT 357. 144 Seiten

Giovanni Jervis   Grundfragen der Psychologie
Eine leicht verständliche Einführung in die grundlegende Fragen
der modernen Psychologie und die heute möglichen Antworten,
verfaßt vom bedeutendsten lebenden italienischen Psychologen.
Aus dem Italienischen von Renate Heimbucher
Deutsche Erstausgabe WAT 415. 160 Seiten

Wieder lügt Odysseus
Geschichten aus dem neuen Griechenland
Seitdem Odysseus seine phantastischen Geschichten zusammen-
schwindelte, wird in Griechenland mediterranes Seemannsgarn
gesponnen: sagenhaft uund unheimlich, witzig und weise. Ver-
sammelt sind hier seltsame Geschichten von bekannten und unbekannten Autoren, einige darunter erstmals auf deutsch.
Zusammengestellt von Annette Wassermann.
Originalausgabe. WAT 438. 144 Seiten

Carlo Ginzburg   Der Käse und die Würmer
Die Welt des Müllers um 1600
Carlo Ginzburg hat hier erstmals die Mentalität und das Weltbild
eines Individuums, des Müllers Menocchio, ins Zentrum gerückt.
Peter Burke und Natalie Zemon Davis, Roger Chartier und Robert
Darnton – sie alle haben diesem Menocchio zugehört.
Aus dem Italienischen von Karl F. Hauber
WAT 444. 208 Seiten

Carlo Ginzburg   Spurensicherung
Die Wissenschaft auf der Suche nach sich selbst
Die drei wichtigsten Aufsätze des »Querdenkers« unter den Histo-
rikern: Indizien als historische Methode. Mentalität und Ereignis.
Kunst und soziales Gedächtnis.
*»Verfolgt man die Spur, die Ginzburg gezogen hat bis hin zur Spurensi-
cherungen, so durchquert man mit dem Autor das geistige Zentralplate-
au des 20. Jahrhunderts.«* Hannelore Schlaffer, Stuttgarter Zeitung
Aus dem Italienischen von Gisela Bonz und Karl F. Hauber
WAT 430. 160 Seiten mit Abbildungen

Berlusconis Italien – Italien gegen Berlusconi
Warum der kleine Bauunternehmer zum allesverschlingenden Me-
dienmogul aufsteigen konnte und als mehrfach angeklagter Ge-
schäftsmann zum Ministerpräsidenten gewählt wurde. Wie die
Linke und vor allem die Intellektuellen reagieren.
Mit einem einführenden Text von Friederike Hausmann
über den Aufstieg Berlusconis.
WAT 450. Originalausgabe. 144 Seiten

Wenn Sie mehr über den Verlag und seine Bücher wissen möchten,
schreiben Sie uns eine Postkarte (mit Anschrift und ggf. e-mail).
Wir schicken Ihnen gern unseren Westentaschenalmanach, die
Zwiebel. Mit Texten aus den Büchern, Photos und Nachrichten aus
dem Verlagskontor. *Kostenlos, auf Lebenszeit!*

Verlag Klaus Wagenbach, Emser Straße 40/41, 10719 Berlin
www.wagenbach.de